幼儿园教师专业发展规划方案指导

丛书主编　赵宇　　徐铭泽　赵宇　著

辽宁师范大学出版社
·大　连·

编者的话

提高学前教育质量的关键在于提高幼儿园教师队伍的专业素养。在教育部 2012 年颁布的《幼儿园教师专业标准（试行）》（以下简称《专业标准》）中，将幼儿园教师保教工作实践能力视为核心，作为评估业务水平的重要标志。因此，探索将《专业标准》中的教育理念与基本要求转化为具体的教育策略，提高幼儿园教师运用专业知识分析和解决教育实践问题的能力，对促进其专业发展具有重要意义。“幼儿园教师实践能力指导与培训丛书”（以下简称“丛书”）就是为了更好地贯彻《专业标准》和《3-6 岁儿童学习与发展指南》（以下简称《指南》）而编写的。

“丛书”有三个突出的特点。一是主题性。“丛书”聚焦《专业标准》中环境的创设与利用、一日生活的组织与保育、游戏活动的支持与引导、教育活动的计划与实施、教师的反思与发展等专业能力，将其中的基本要求细化为各分册微主题，形成了主题化、系列化的丛书结构。二是实践性。“丛书”各分册内容力求做到精选专业知识和基本技能，凸显实践中的应用方法和常见问题的解决策略，通过提供系统的、丰富的实践经验和教育智慧，满足教师实际应用的需要，实现基于理论的实践指导。三是范例性。“丛书”提供了大量的实例、样例，这些文本、案例、问题情境等资源，为提高幼儿园教师的专业素养起到了借鉴、参考和示范的作用。

“丛书”既可作为幼儿园教师自主研修用书，也可用于实践能力培训课程，还可作为园本课程研发与使用资源。编写团队由具有多年研究和实践经验的研训教师及一线优秀教师组成，内容来源于幼儿园教育教学实践与研究成果，多次作为区域幼儿园教师培训课程使用并获好评。由于受编写时间和编者水平所限，书中若有疏漏和不足之处，敬请斧正。

编者

2021年3月

前 言

2012年国家教育部颁发的《专业标准》中指出，幼儿园教师要“制定专业发展规划，不断提高自身专业素质”。教师发展没有终点，是一个不断趋近终点的过程，也就是说，幼儿园教师专业发展是一个终生的动态发展过程，需要有长远的目标、长远的规划，因为只有长远的目标才能为自己的专业发展提供方向。教师专业发展规划的制定是教师实现理想、走好职业生涯的第一步，同时贯穿于教师专业发展的每个阶段。

本书从提高幼儿园教师专业发展规划制定能力的需要出发，概要介绍了幼儿园教师专业发展规划的内涵、价值、原则与类型划分，结合专业发展规划方案的核心要素及编制要求，从编制过程中的常见问题入手，阐述了幼儿园教师应如何依据个人工作实际制定发展规划方案，总结提炼了幼儿园教师专业发展规划方案的实施策略、评价方式、评价标准与要求。通过不同层次、不同类型的幼儿园教师专业发展规划方案案例，将理论与实践相结合，深入地进行分析和总结，帮助幼儿园教师结合自身的实际更好地制定自己的专业发展规划方案，为其提供指导和借鉴。

本书旨在提高教师专业发展规划方案编制与实践能力，可作为幼儿园教师的自主研修参考用书，也可作为幼儿园教师实践能力培训课程的参考用书。

目录
Contents

第 1 章　幼儿园教师专业发展规划基础知识/1

一、定义内涵 /2

二、意义价值 /3

三、基本原则 /6

四、类型划分 /7

第 2 章　幼儿园教师专业发展规划方案内容与形式/11

一、核心要素 /12

二、表现形式 /13

第 3 章　幼儿园教师专业发展规划方案编制与撰写/18

一、编制指南 /19

二、撰写指导 /28

第 4 章　幼儿园教师专业发展规划方案的实施与评价/46

一、实施策略 /47

二、评价方式 /51

附录　幼儿园教师专业发展规划方案案例 /58

思维导图

第 1 章

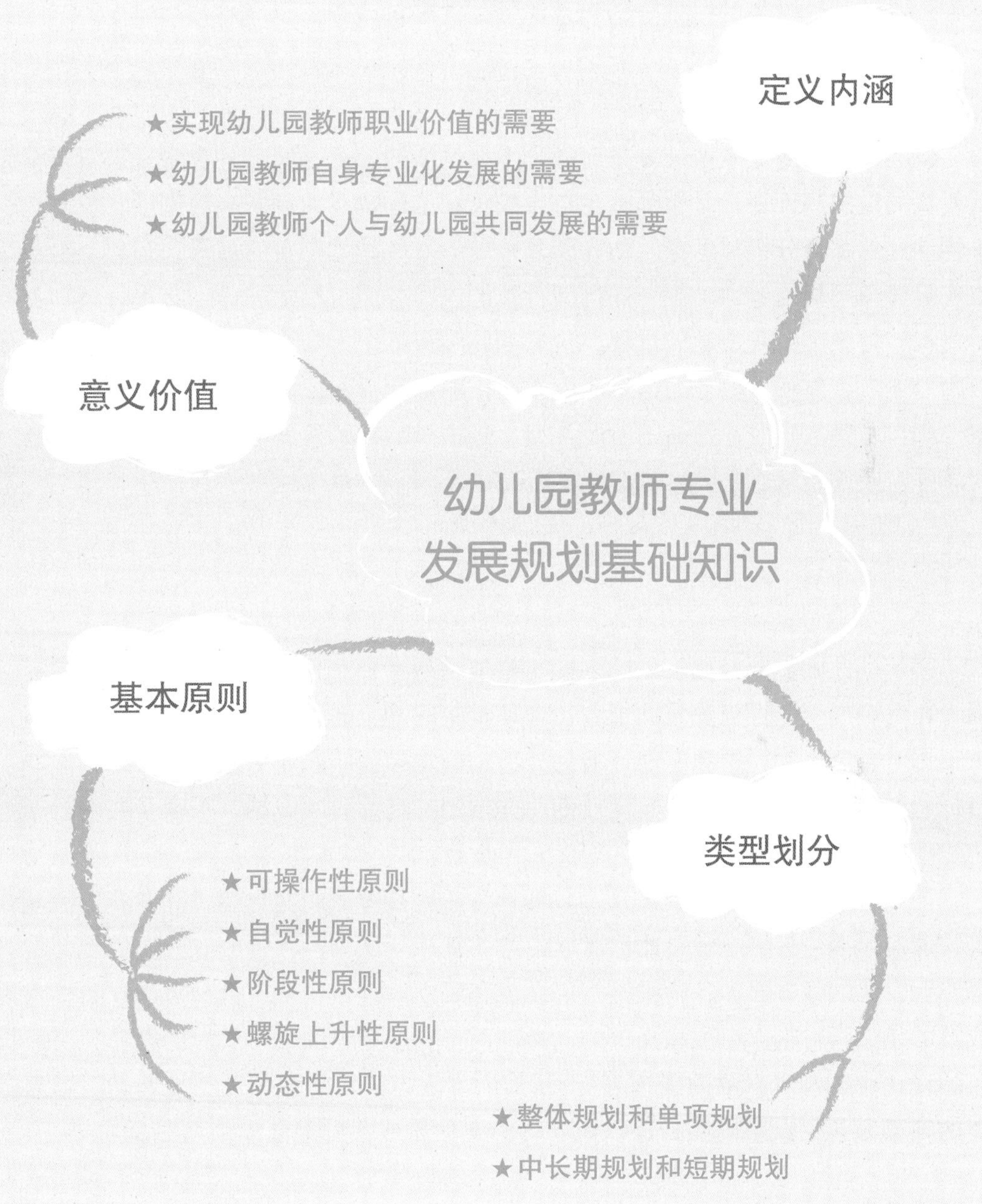
幼儿园教师专业发展规划基础知识
定义内涵
意义价值
★实现幼儿园教师职业价值的需要
★幼儿园教师自身专业化发展的需要
★幼儿园教师个人与幼儿园共同发展的需要
基本原则
★可操作性原则
★自觉性原则
★阶段性原则
★螺旋上升性原则
★动态性原则
类型划分
★整体规划和单项规划
★中长期规划和短期规划

第1章

幼儿园教师专业发展规划基础知识

幼儿园教师专业发展规划是对教师专业发展的各个方面和各个阶段进行较全面长远发展的设想和计划，是教师基于自身成长和工作实践，对未来整体性、长期性、基本性问题的综合分析与思考。幼儿园教师专业发展是将个人的需求、理想、愿望与个人实际能力等相结合做出规划并付诸行动的过程，是对教师职业生涯进行规划与经营的过程，是教师自身发展的过程，也是幼儿园教师个人专业发展过程中重要的一环。教师专业发展伴随着教师的整个职业生涯，明确教师专业发展的内涵、意义价值与基本原则，了解教师专业发展的阶段类型，分析影响教师发展的主要因素，能够更好地为教师专业发展规划方案的制定奠定理论基础。

一 定义内涵

理解幼儿园教师专业发展的内涵与价值是制定专业发展规划必不可少的前提。教师专业发展规划源于职业生涯规划，管理学将职业生涯规划解释为一个过程，即“员工根据对自身主观因素和客观环境的分析，确定自己的职业生涯发展目标，选择实现目标所制定的工作、培训和教育计划，并按照一定的时间安排，采取必要的行动实施职业生涯目标”[1]。

与笼统的生涯规划不同的是，教师作为一种具体的职业类型，其专业发展规划有着特殊的意涵，许多学者对此都有过论述。钟祖荣认为，教师的专业发展规划是对教师专业发展的各方面和各阶段进行的设想和规划。具体包括：教师对职业目标与预期成就的设想，对工作单位和岗位的选择，对各专业素养的具体目标的设计，对成长阶段的设计，以及所采取的措施等。[2]王少非认为，教师专业发展规划是教师分析思考的结果，包括众多内容，这些内容的组织便构成教师专业发展规划的框架。[3]任

[1] 李健．教师发展 规划先行[J]．人民教育，2011（08）：24-26.

[2] 钟祖荣．教师专业化发展的重要一环：制定教师专业发展规划[J]．中小学管理，2004（04）：44-46.

[3] 王少非．教师专业发展规划：意义 内容 策略[J]．中国教育学刊，2006（02）：59-62.

英杰认为，教师专业发展规划是教师分析自身和学校发展的需要，制定目标、调控环境、设计策略，进行自我反思，实施知识管理并与环境发生相互作用，最终达到既定目标的过程。[1]

以上学者的理解，有的是将教师专业发展规划作为规划本身的内容文本来描述，有的是将其作为规划、实施并实现的过程来定义，也有的是基于规划与“教师主体”“教师专业发展”密不可分关系基础上的认知理解。不管如何定义，我们认为，教师专业发展规划的主体必须是幼儿园教师本人，且应正确理解教师专业发展规划与教师专业发展的关系。无论幼儿园教师个人专业发展是被看成教师个人专业成长的过程，还是促进教师个人专业成长的过程，教师本身都是专业发展的主体。制定幼儿园教师个人有针对性的、有效的专业发展规划方案其实就是教师专业成长、发展的过程。

基于此，本书将幼儿园教师专业发展规划界定为，幼儿园教师根据自身特点和个人职业发展情况，在预测、分析的基础上，结合幼儿园发展需要，分析环境因素，确定发展目标，制定能够促进自身可持续发展的行之有效的管理计划和安排，并在不断反馈、更新、演进和丰富的过程中，最终实现自身专业发展，达到既定目标的过程。

幼儿园教师专业发展规划是教师基于目标的自我管理，是从他律转化为自律的发展过程，是教师专业成长、个人发展不断更新、演进和完善的持续性过程，能够为自身的专业发展提供引导和监控，并能为自身专业发展的反思提供一个参照框架，是自我导向、自我驱动、自我调控的结果，具有促进教师个人专业发展的作用。幼儿园教师个人专业发展必须经过学习、思考、感悟、实践等阶段，只有通过科学规划，才能有效地实现个人专业发展。

二 意义价值

十八大以来，以习近平同志为核心的党中央高度重视教师队伍建设，并提出了“百年大计，教育为本。教育大计，教师为本”。发展教育事业，教师责任重大。作为幼儿园教师，面对飞速发展的社会、日新月异的教育需求，如果想要得到社会认同与职业尊重，谋求个人专业长远发展，必须保持职业敏感性和反思探索精神，着力关注教师自身的“全程发展”与“内涵发展”。幼儿园教师个人专业的成长、职业的发展离不开合理有效的规划。制定幼儿园教师专业发展规划方案的价值意义，可以从以下层面来阐释：

从宏观上来说，制定幼儿园教师专业发展规划是满足提升园所教师队伍专业性、

[1] 任英杰. 知识管理视阈下的教师专业发展[M]. 沈阳：东北大学出版社，2009：124.

综合素质以及服务质量的需要，更是满足推动教师职业群体不断走向成熟及专业化，优化学前教育专业发展水平的需要，是现代社会发展的必然要求，是现代教育的重要标志，是构建人类教育发展命运共同体的需要。

从微观上来说，科学合理地制定个人的专业发展规划是幼儿园教师重要的实践能力之一，是教师对自己、幼儿、园所、家长、社会负责任的重要体现，在自我发展的同时让幼儿在教师专业发展中受益，是教师职业生涯中实现个人价值，获得原动力、成就感、幸福感的重要源泉。主动制定有效的幼儿园教师专业发展规划，不断地学习、更新和完善自己，做一名专业素养可持续发展的幼儿园教师，不仅是个人自身发展的需要，也能逐渐实现专业效能感和幸福感，同时也会让幼儿在教师专业发展中不断受益。

具体来说，制定幼儿园教师专业发展规划的意义价值主要体现在三个方面：

（一）实现幼儿园教师职业价值的需要

许多教师对自我成长规划的重视程度不够，总觉得已经有了一定的专业知识，就不进行自我发展规划，长此以往，在重复的工作中逐渐进入安于现状的舒适期，在稳定安逸的工作环境中思想日益固化，不愿意反思改进、不想思考尝试、不敢突破创新，更不愿意通过努力提升自己，进而失去了发展的意愿和动机。有些教师甚至逐渐出现了职业倦怠，理想与现实间的矛盾使他们产生了强烈的失落感，他们抱怨职业，吐槽社会地位低、得不到尊重，对自己的职业发展方向不明确。究其原因，往往是教师对自己的职业生涯以及个人专业发展缺乏合理的规划设计。这类教师没有认识到职业发展规划对于幼儿园教师专业成长的重要性和必要性。

幼儿园教师专业发展规划是实现理想、走好教师职业生涯的第一步，也贯穿着人生发展的每个阶段。制定合理有效的幼儿园教师专业发展规划方案就显得尤为重要，它是教师不断开发自我潜能、建立职业自信、增强职业道德、强化专业技能、提高教育教学水平的关键，是教师获得职业尊重、实现人生价值的必要条件。只有努力夯实自身专业基础，用科学的幼教理论武装头脑，用专业的行为科学影响幼儿，体现幼儿园教师的专业性和不可替代性，让社会、家长看到幼儿实实在在的发展，给予幼儿更加专业的教育与陪伴，才能使幼儿园教师成为受人尊敬的、具有较高社会地位的职业，获得更多的职业感和幸福感。

（二）幼儿园教师自身专业化发展的需要

生命因不断成长而丰富。教师的专业成长是一个漫长而复杂的渐进过程，不可避免地会受到来自个人、幼儿园以及社会环境等方面因素的影响，遇到很多困惑，产生很多问题。专业成长快、职业发展好的教师往往是自我规划得比较早、比较好的教师；而那些个人专业发展不好的教师，大都有一个共同的特征，即发展规划缺位，对发展规划不够重视。显然，这些关键决策强调教师应具备自主发展的意识，能从所遭遇的一些真实问题中发现自己的缺陷与需求，能从教育改革的方向中找到自己的发展方向和发展目标，帮助教师合理设计和安排自身的专业发展过程，使其成为一个具备自我导向、自我驱动、自我调控能力的发展者。制定幼儿园教师专业发展规划方案就是教师自我设计、自我引导和自我管理的有效方式。因此，教师必须合理规划自身的专业发展。

幼儿园教师在“育人”的同时，也在不断地“育己”。促进幼儿发展不可忽视教师自身的专业化发展，规划自己的专业发展是教师实现提升和专业发展的重要策略，合适、有效的教师个人专业发展规划方案是促进教师个人专业化发展的核心要素，可以加强教师专业化水平，也有利于提升教师的教育专业地位，实现个人的职业价值。当教师能够对自己的学习进行自我引导、自我监控时，教师的学习和发展成效最高。换句话说，具备较高的学习品质和终身学习意识、明确发展目标、保有持续增长力、能够形成行为自觉性的幼儿园教师，自身专业化发展较为迅速，在未来更容易成长为综合实力和竞争力较强的教师。

（三）幼儿园教师个人与幼儿园共同发展的需要

教师永远是幼儿园发展的第一生产力，保障幼儿园发展的根本是提高教师队伍素质与教师专业发展水平。幼儿园教师个人的专业发展直接影响幼儿园的品质和教学质量以及幼儿园可持续发展的水平，幼儿园教师个人专业发展与幼儿园发展是相互促进、协同发展的共同体。通过有针对性地对幼儿园教师进行专业成长上的引领与扶持，帮助其理清专业发展思路，确立可预期、可持续的阶段性成长目标，并为其在规划的实施、推进、成长过程中造势，点拨迷津，提供必要的物质和精神支持，让教师感到这个愿景有实现的可能和希望。只有看到个人专业发展的美好愿景，才能不断地、有效地唤起教师的进取意识与创新精神，促使教师在努力提升专业水平的同时，形成和完善个人的魅力，获得成功的体验、精神的激励、心理的愉悦，一步步把规划变成现实，走好专业成长之路，体味教育者独有的幸福。

幼儿园发展规划的重要任务就是引领教师专业成长，促进教师进行良性专业发展规划；而教师自我专业发展规划则要紧紧围绕幼儿园发展规划，确立共同愿景，努力实现两者的和谐发展，使幼儿园与教师的发展规划融为一体。幼儿园应以教师队伍建设为出发点，以教师个人的专业成长为切入点，以教师获得职业尊重为落脚点，创造条件、搭建平台、建立有效机制，促进教师进行良性规划。教师应以幼儿园发展规划为蓝本，以有效促进幼儿园的可持续发展为目标，以提高幼儿园教育教学质量为内涵，营造教师队伍凝聚力，共同创造团体教育信仰，赢得社会信誉，增强职业成就感。因此，幼儿园教师专业发展规划是幼儿园提升品质、快速发展的助推力，是幼儿园建设发展的支柱，是构成幼儿园可持续发展必不可少的重要因素。

三 基本原则

幼儿园教师个人专业发展是一个连续的、动态的发展过程，有其内在的规律，同时具有阶段性特点。教师在制定发展规划时首先应找准自己发展的切入点和成长点，充分考虑自身内在因素和外在环境影响，扬长避短，理论与实践相结合，有的放矢地制定幼儿教师专业发展规划方案，只有这样才能保障自己的专业能力不断上升发展，并逐渐形成自己的教学特色。如何制定切实可行的、对幼儿园教师自身发展有实际意义的、能真正引领幼儿教师不断成长的个人专属的专业发展规划就显得尤为重要。因此，在制定幼儿园教师专业发展规划时应当把握以下原则：

1 可操作性原则

幼儿园教师专业发展规划方案必须是根据自身特点及专业发展需要制定的切实可行的规划，目标的制定不能太高，不能超出自身的能力范围；也不能太低，否则对自身发展缺乏挑战性。教师专业发展规划方案应镶嵌于教师的日常专业实践之中，切合自身的实际发展水平，符合幼儿园教师专业发展的特点和规律，通过自身的努力是可以实现的，让个人的专业发展更具方向性和目标性。

2 自觉性原则

个人专业发展意愿是实现个人专业发展目标的关键前提，为个人的专业发展做出努力是实现专业发展目标的必要条件。只制定幼儿园教师专业发展规划方案，而不实践、不落实，终将是纸上谈兵，空洞无用。在教师个人专业发展规划方案的实施中，教师的学习态度和积极主动的学习意愿是成就个人成长的核心因素，具备良好的自我导向、自主驱动、自我调控能力的幼儿园教师一般最终都会实现个人专业成长的目标。

3 阶段性原则

教师个人专业发展规划具有阶段性、可持续发展的特点，每一阶段应确立不同的发展目标和任务，教师在制定个人发展规划方案时应做到起步要低、步子要小，在充分分析、了解自身在各个不同发展阶段的专业发展特点、内容和需求后，制定个人发展规划方案。既要确保每一阶段的目标有针对性，可以促进发展，又要结合实际调整目标的合理性，保证目标的完成度。各项活动的开展都应该有时间和顺序上的安排，以保证按计划、分步骤地去实施和完成制定的规划任务。

4 螺旋上升性原则

幼儿园教师个人专业发展并不是一个简单的、线性的前进过程，而是一个螺旋上升的递进过程。幼儿园教师专业发展规划中的目标和计划是相互关联，逐层递进的，每一个阶段都是下一个阶段目标和计划的基础，教师需要不断学习与研究，有效地总结提炼出来自教育实践的经验，使规划方案更具价值并逐步走向成熟。

5 动态性原则

教师的发展规划仅仅是一个对未来的预设，需要通过教育教学实践的检验方能看出具体的效果。由此可见，幼儿园教师专业发展规划方案的制定是一个动态的实施过程。规划方案的计划和预设在实施过程中会受到很多不确定因素的影响，例如外界教育环境的变革和教师内部自身条件的成长变化，都会让原本的规划方案发生改变，那么规划方案就需要具有弹性，教师要及时地对规划方案做出相应的思考和调整，修正自己的状态和方向。

四 类型划分

幼儿园教师专业发展规划类型一般可以分为两个维度：整体规划和单项规划、中长期规划和短期规划。教师可以根据自身的认知经验、所处的发展阶段、对专业发展的需求和目标方向的选择等制定规划方案。

（一）整体规划和单项规划

整体规划就是对自身专业发展方面做出一个整体设计的规划。整体规划体现了纵横交错的全局性，涵盖了与幼儿园教师个人相交织的很多内容，通常涉及专业发展的方方面面。如在入职初期，教师刚刚熟悉职业岗位，可以结合自己对专业发展阶段的认知和分析，从专业知识、专业技能、专业情感、专业自主、专业价值观、专业发展意识等方面做出整体的规划设计，帮助自己突破专业发展的瓶颈， 全面提升专业素养。

单项规划就是涉及专业发展的某一方面的规划。也可以是对于某个特定的教师，或者在专业发展的某个特定阶段、某个特定时期，教师为满足特定的专业发展需求、实现目标而制定的一种规划。例如，某教师承担了教研组长的角色，要负责教研组的组织与管理活动，而在这方面缺乏相应的基础知识技能，那么该教师就可以制定一个关于教研组长工作素养专业发展方面的规划等。

（二）中长期规划和短期规划

中长期规划就是对自己一年以上的专业发展，或从现在到今后职业终结的整个职业生涯的专业发展过程进行规划。例如，对于专业发展中的某些较大的领域，如教学活动，可以单独设计长远的规划。

短期规划就是为实现长远目标中的阶段目标或近期目标而设计的规划。短期规划是一年及一年以内的规划，具体的规划周期取决于制定的目标和规划的长远程度。短期的规划可以是整体的，也可以是单项的。前者是一个长远的整体规划中的阶段性规划，后者是关于某个特定的专业发展领域里能够在比较短的时间内达成的规划。例如，某教师认为自己在幼小衔接教学方面存在缺陷，就可以将幼小衔接方面的理论及研究作为其专业发展的重点，制定一个自己今后在该方面的专业发展规划方案。

知识卡片

成人学习理论

美国著名学者马尔科姆·诺尔斯（M.S. Knowles）创建了成人教育学（Andragogy），关于成人学习有如下假定：

成人拥有认知需求，知道为什么学习。成人学习者大多是带着职业的实际需要和工作中要解决的问题进入学习的，因此，他们学习目的明确，学习的针对性非常强。

成人具有清楚的自我概念，具有自我导向的学习能力。成人一般都具有较强的学习自主性和独立性，更希望教师能够对他们的学习给予组织、引导和帮助，而不是以权威或领导的姿态出现，希望与教师共同承担教学责任，希望能够和教师一起确定评估学习的需要和目标，希望参与教学内容的决定，选择教学活动以及决定如何评价自身的学习。

成人具有丰富的学习经验和工作经验。这些经验是成人学习的重要资源。成人学习者不是空着脑袋进课堂的，他们都带着个人丰富的生活经验和工作经验进入学习。这些经验既是成人自己学习的基础，也是他们自己和其他成人的非常宝贵的学习资源。因此经验学习是他们最重要的学习方式之一。

成人学习以生活为中心，且以问题或任务为导向。他们特别关注学习效率和知识的即时应用，不大关注知识的延迟性应用。他们关注以问题或任务为中心的学习，而不会因知识本身产生兴趣。他们有非常明确的学习目标，具有一种实用主义的学习观。当主题对其有直接价值时，成人学得最好。

成人的学习动机主要来自内部，而不是外部。成人学习最好的动机就是兴趣和个人利益。内在的激励，如自尊需求、成就需求是成人学习的最重要的驱动力，且这种动机会因为对良好的学习情境的主动参与而获得发展与增强。

知识卡片

教师专业发展阶段

在教师发展阶段的具体研究方面，国外许多学者都从教师终身发展，教师专业知识和能力、心理发展，某个具体方面的知识和技能发展等不同视角对其进行了划分。尽管划分出的阶段各有差异，但是所有研究者都明确了：教师发展具有阶段性的特征，并且各个发展阶段教师的各项发展指标存在质和量的水平差异，应根据各个阶段的特殊性设计科学合理的教师专业发展规划。

在教师研究领域有代表性的研究是美国亚利桑那州立大学心理学教授伯林纳（*Berliner*）的五阶段发展观，他认为教师的职业发展是从没有教学经验的新手型教师到成为经验丰富的专家型教师的发展过程。他从教师教学及学习技能发展的角度，提出了专家型教师的一般发展阶段：

新手——获取教学知识和技能的阶段；

进步的新手——教学经验丰富了，但对重要的教学环节仍不明确；

胜任——能自由地处理事件，但教学行为还不迅速、流畅和灵活；

能手——积累了丰富的经验，但决策时仍带有随意性；

专家——教学行为迅速、流畅和灵活。

知识卡片

教师专业发展途径

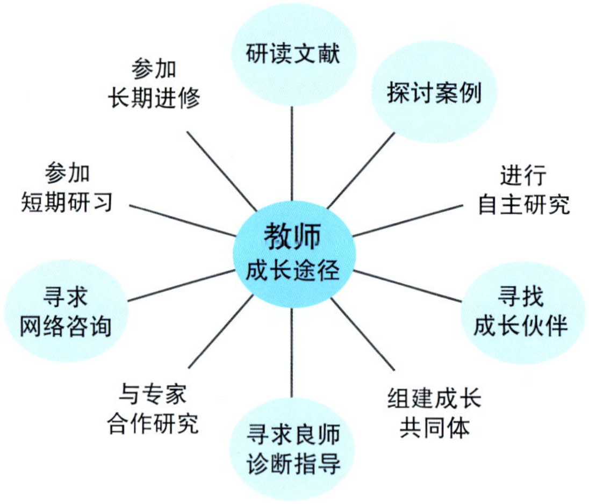

思维导图

第2章

幼儿园教师专业发展规划方案内容与形式

核心要素

表现形式

- ★表格式
- ★文字叙述式
- ★表格与文字叙述相结合式

第2章 幼儿园教师专业发展规划方案内容与形式

幼儿园教师专业发展规划既是过程，也是结果。一个过程的专业发展规划，是教师独立或在他人的帮助下对自身的专业发展诸多方面进行设计和计划的过程；一个结果的专业发展规划，即教师对自己的专业发展目标、策略进行设计所获得的结果。因此，幼儿园教师专业发展规划涵盖的内容、所涉及的专业领域是广泛的、多元的。

幼儿园教师专业发展规划方案是幼儿园教师在根据自身特点对个人职业发展进行预测、分析的基础上，结合幼儿园发展需要，分析环境因素，确定发展目标，制定的能够促进自身可持续发展的行之有效的管理计划和安排。教师在不断反馈、更新、演进和丰富规划方案的过程中，最终实现自身专业发展，达成既定目标。

幼儿园教师专业发展规划也可以看成教师自主研修的过程，是一种非常重要、非常有效的专业发展方式。因此，制定一份切实可行的幼儿园教师专业发展规划方案，有助于教师增强专业发展的目的性与计划性，有利于教师发掘自身潜能，增强个人实力，获得优势竞争力。

一 核心要素

幼儿园教师专业发展规划是教师结合自身教育背景和实际，在考量当下幼儿园所处的环境和现状的基础之上，为自己的专业发展所设计的一个独特的、体现个性的个人发展规划方案。专业发展规划方案是对自身进行的全面的评估与判断，教师要根据分析的结果客观地制定。一份较为完整的幼儿园教师专业发展规划方案的核心要素通常包括“现状分析→发展目标→实施途径”三个部分：

教师要明确自身的特点与所处的环境，对现状的分析是整个发展规划的基础组成部分，即条件分析是幼儿园教师专业发展规划方案的基础组成部分。进行有效的个人现状分析与评估是撰写专业发展规划方案的前提与保障，更是撰写专业发展规划方案的首要问题。

教师应确立专业方向与发展预期，这是指导规划方案撰写的核心。教师专业发展规划之所以能成为教师专业发展的重要策略，除了自我评估和环境分析之外，最为重要的内容就是目标。目标能够为专业发展提供有效的引领，在整个规划中起到导航的作用，有助于保证专业发展方向的锚定。个人发展目标是幼儿园教师制定个人发展规划最重要的核心组成部分。

实施途径指教师所采取的具体行动措施，涵盖了落实规划、推进执行的方法与策略。实施途径是有效达成个人发展规划目标、落实整个规划方案的行动保障，是衡量规划的重要指标，是实现幼儿园教师个人专业发展的核心路径。实施途径直接或间接地影响着整个发展规划方案的质量和教师个人的发展。实施途径的确立有利于教师反思规划中未考虑到的、设计不合理的环节，关系着职业发展目标的实现，制约着教师个人专业发展规划方案的落实，同时影响着教师新一轮专业发展规划方案制定的科学合理性。

幼儿园教师通过深入地分析思考这三个基本要素，明确“我是谁”“我想干什么”“我怎样做”，这能帮助教师充分、全面地认识自己，明确自身的发展阶段和所追求的目标。通过不断地反思、调整，找到最有效、最适合、最快捷的发展途径，实现最终的个人专业发展需求。

二　表现形式

幼儿园教师专业发展规划方案的设计和撰写是个人化的，不同幼儿园教师的专业发展规划方案有不同的表现形式，在形式的选择方面没有特定要求。幼儿园教师结合个人的表述习惯进行选择即可，可以采用表格式、文字叙述式、表格与文字叙述相结合等形式。

1.表格式

幼儿园教师五年专业发展规划方案

×××幼儿园　×××

<table>
<tr><td colspan="6">个人基本情况</td></tr>
<tr><td>性别</td><td></td><td>出生日期</td><td></td><td>政治面貌</td><td></td></tr>
<tr><td>毕业院校</td><td></td><td>学历</td><td></td><td>专业</td><td></td></tr>
<tr><td>工作时间</td><td></td><td>现任职务</td><td></td><td>职称</td><td></td></tr>
<tr><td>规划起止时间</td><td></td><td>年龄跨度</td><td></td><td>发展阶段</td><td></td></tr>
<tr><td rowspan="2">个人分析</td><td>优势</td><td colspan="4">1.……
2.……</td></tr>
<tr><td>劣势</td><td colspan="4">1.……
2.……</td></tr>
<tr><td rowspan="3">环境分析</td><td>机会</td><td colspan="4">1.……
2.……</td></tr>
<tr><td>威胁</td><td colspan="4">1.……
2.……</td></tr>
<tr><td>挑战</td><td colspan="4">1.……
2.……</td></tr>
<tr><td>发展目标</td><td>总目标</td><td colspan="4">1.……
2.……</td></tr>
<tr><td colspan="6">实施途径</td></tr>
<tr><td></td><td colspan="2">阶段目标</td><td colspan="2">具体措施</td><td>检测指标</td></tr>
<tr><td>第一年</td><td colspan="2">1.……
2.……</td><td colspan="2">1.……
2.……</td><td>1.……
2.……</td></tr>
<tr><td>第二年</td><td colspan="2"></td><td colspan="2"></td><td></td></tr>
<tr><td>第三年</td><td colspan="2"></td><td colspan="2"></td><td></td></tr>
<tr><td>第四年</td><td colspan="2"></td><td colspan="2"></td><td></td></tr>
<tr><td>第五年</td><td colspan="2"></td><td colspan="2"></td><td></td></tr>
</table>

2.文字叙述式

个人三年专业发展规划方案

（2017年9月—2020年9月）

×××幼儿园　×××

一、基本情况

从大学的象牙塔出发，在幼儿园工作了三年，我从一名新手教师成长为一个业务较为熟练的青年教师、一名脚踏实地的实践者。三年里，我积极参与园内各级课题的研究工作，主持市级课题一项，多项区级小课题、微课题；承担区级培训两次；执教的一节美术活动获幼教年会二等奖；发表论文一篇……

二、个人SWOT分析

（一）Strengths（优势）

1.爱孩子、爱幼教，有耐心、爱心、责任心、上进心。

2.能够将学前教育理论知识与实践经验进行结合，实践并反思。

3.具有一定的科研能力与经验。

4.具有一定的组织、协调、沟通能力。

（二）Weaknesses（劣势）

1.第一次当教研组长，缺乏经验，实践中仍存在理想主义，有些想法不适用于现实教学。

2.观察幼儿的能力有待提高，指导教师活动的能力尚有不足。

3.工作中仍有急躁情绪，偶尔影响工作质量。

4.环境创设缺少创新思维。

（三）Opportunities（机会）

…………

（四）Threats（威胁）

…………

三、个人发展目标

（一）发展总目标

…………

（二）阶段发展目标

…………

四、实施途径

…………

3.表格与文字叙述相结合式

幼儿园教师专业发展规划方案

（2017年3月—2020年3月）

×××幼儿园　×××

一、基本情况

性别		出生日期		民族	
学历		学位		毕业日期	
专业		职称		外语水平	
简历					
……					

二、个人SWOT分析

（一）Strengths（优势）

1.热爱教师这份职业，有责任心和进取心，对待孩子一视同仁，善于发现孩子的优点，抓住孩子的特质。

2.有较强的学习能力和接受新事物的能力。

3.本科学习经历与之前丰富的工作经历，让我处理班级各项工作尤其是突发状况驾轻就熟。

4.喜好阅读，有求知欲，喜欢挑战。

5.身为一名学龄前儿童的母亲，更能理解家长，能换位思考，在家园工作及儿童护理方面更加细致、有效。

（二）Weaknesses（劣势）

1.缺少冲劲、安于现状。

2.缺少创新精神，思路容易受到局限。

3.音乐、舞蹈等技能相对薄弱。

4.自家孩子年龄小，精力被家庭占用。

（三）Opportunities（机会）

1.幼儿园正处于起步阶段，起点很高，得到的锻炼机会非常多。

2.经常外出学习。

3.参与幼儿园课题组与英语组，负责家长工作。

4.担任班长及教研组长。

（四）Threats（威胁）

1.教育思想与理念不断更替，很多教育方式方法需要摒弃或更新。

2.同事间竞争压力大。

3.幼儿园教师在社会上的认同度比较低。

4.家庭结构发生变化，很大一部分精力分流给家中年幼孩子，很多机会不得不舍弃。

三、发展目标

（一）专业理念

积极学习前沿学前教育理论，了解学前教育动态，不断增加自己的专业知识储备，更新幼儿教育观念，增强自己的创新意识、改革意识，提高文化理论修养，增强学术能力、反思能力等。

（二）专业知识

更新自己的知识结构，拓宽自己的专业视野，提高自己的教师专业素养，为自己专业的持续发展夯实基础。掌握现代教育技术，熟练运用多媒体技术辅助教育教学，使教育信息化和教育教学有效融合。注重幼儿游戏方面（区域游戏和户外游戏）的研究及对幼儿观察方法的研究。

（三）专业能力

擅于关注、发现、研究、解决教育教学中的问题，并能把工作经验转化为理论成果。擅于总结教育教学规律，提高教育教学的科研能力。能把握幼儿教育的科研动态，能独立承担科研课题，能有效地开展研究并组织和实施，不断促进自己科研能力的发展。

四、实施途径

第一年	1.…… 2.…… 3.……
第二年	
第三年	

第3章

思维导图

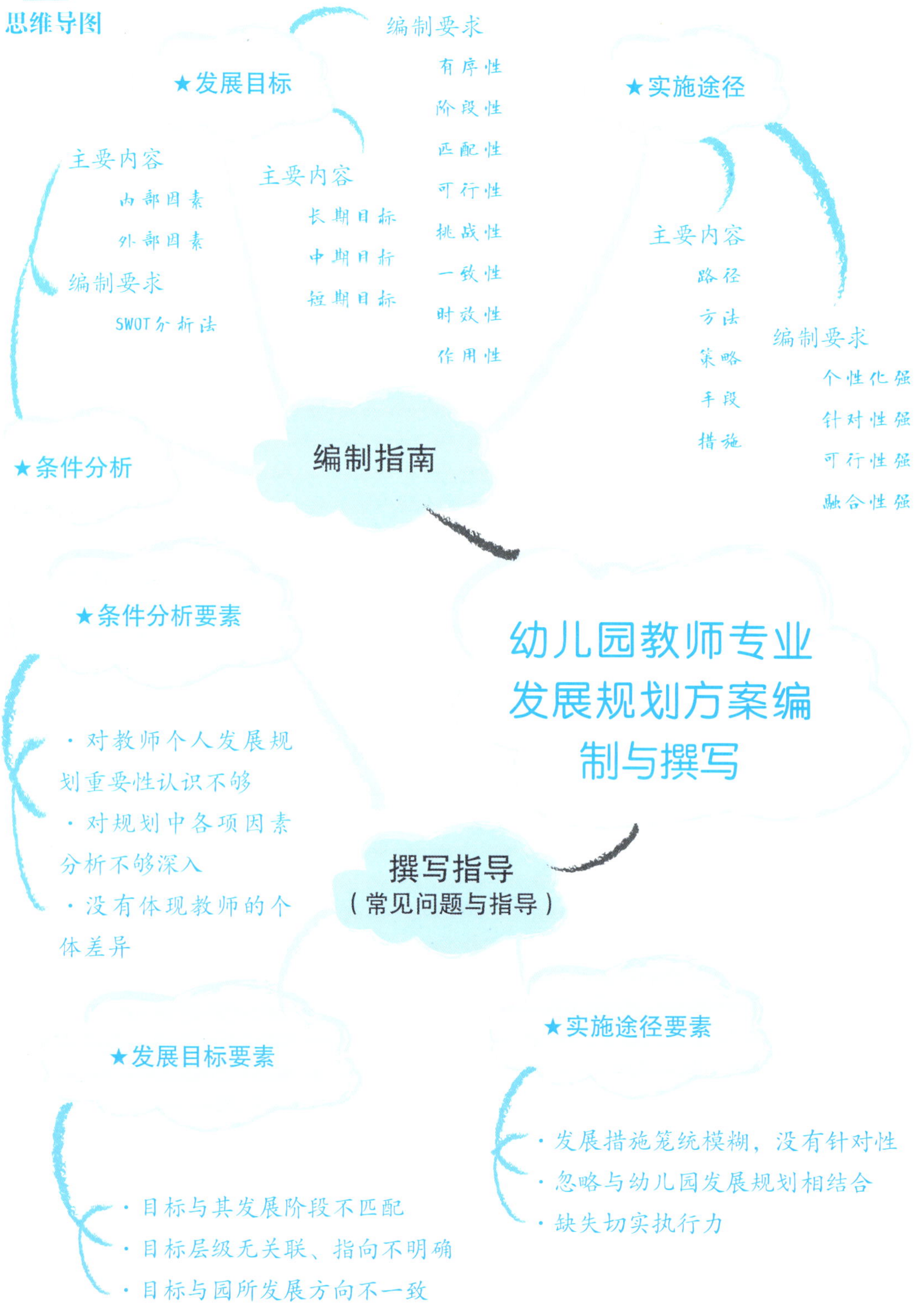

幼儿园教师专业发展规划方案编制与撰写
编制指南
★条件分析
主要内容
内部因素
外部因素
编制要求
SWOT分析法
★发展目标
主要内容
长期目标
中期目标
短期目标
编制要求
有序性
阶段性
匹配性
可行性
挑战性
一致性
时效性
作用性
★实施途径
主要内容
路径
方法
策略
手段
措施
编制要求
个性化强
针对性强
可行性强
融合性强
撰写指导
（常见问题与指导）
★条件分析要素
·对教师个人发展规划重要性认识不够
·对规划中各项因素分析不够深入
·没有体现教师的个体差异
★发展目标要素
·目标与其发展阶段不匹配
·目标层级无关联、指向不明确
·目标与园所发展方向不一致
★实施途径要素
·发展措施笼统模糊，没有针对性
·忽略与幼儿园发展规划相结合
·缺失切实执行力

第3章

幼儿园教师专业发展规划方案编制与撰写

幼儿园教师专业发展规划方案需要合理的规范。优秀的幼儿园教师的成长是有规律可循的，好的幼儿园教师专业发展规划方案凸显了阶梯递进性。在撰写幼儿园教师专业发展规划方案时，首先遵循幼儿园教师专业发展方案的基本原则，其次要全面、细致、客观地进行内外部因素分析，宏、微观环境的条件评估，分析内外动因，并根据教师个体自身的特点和职业的发展，结合幼儿园发展的需要，确定发展目标，选择可实现的实施路径，然后制订相应的行动计划，并不断反馈和修正目标，实现自身专业发展。

一　编制指南

（一）条件分析

教师的成长、发展往往会受到诸多因素的影响，有的因素助力了教师的发展，也有很多因素限制了教师的进一步提升。一份有针对性的个人专业发展规划方案离不开准确的、全面的个人现状分析。

1.主要内容

现状分析主要指对个人现实状况的分析与评估，主要包括基础信息、自我评估、环境分析。其中，基础信息、自我评估是内部因素；环境分析是外部因素。

现状分析既要有教师的内在需求与条件、外部影响与条件，也要有发展主体的能动认识与选择。也就是说，幼儿园教师个人专业发展既受到许多外部因素的影响，也受到教师自身内部因素的制约。内部因素主要有教师的认知能力、职业道德、需要和动机、自我分析和评价等方面；外部因素主要有社会因素、幼儿园因素、家庭因素以及无法预测的偶然事件等方面。

●内部因素

在进行自身现状分析时教师需要根据个人成长历程、现在所处阶段、知识能力、职业道德、个性特点、身体状况等因素，综合自我意识、职业取向、自身条件、发展阶段、优势与不足、类型和风格等方面进行客观的自我评估与判断。

了解个人现有情况

个人现有情况又称常规基础信息。基础信息能够帮助我们更好地理清职业发展的脉络，包括姓名、性别、年龄、专业、从事的工作、所教年级、任教教龄等基本信息，以及自身的个性化因素，如身体情况、兴趣爱好、性格特点等信息。

分析自身发展与需求

对已有的专业发展水平、自身的阻力与困惑、遇到的瓶颈和想要达成的期望等，要进行详细的分析和梳理，进而发掘自己的专业发展需求。

剖析优势和不足

核心是不仅要挖掘自己知识和能力方面的优势和潜能，还要结合互评，诊断出自己的劣势并进行具体分析，以便有针对性地规划。

确定类型风格

确定自己的认知风格，审视自己智能的优势与不足，以便规划时扬长避短。

明确兴趣倾向

了解自己的爱好、能力倾向、专业发展的态度和兴趣所在，以实现最大程度的发展。

●外部因素

明确专业发展方向

了解当前教育发展背景和教师专业发展趋势是设计和制定个人成长规划方案的指南，它为教师发展提供持续成长的原动力，是教师专业发展的外部条件。

幼儿园教师在规划前要把握方向，先了解职业前景、文化导向、地方政策等，分析自己的情况是否符合当前教育发展的动态，以便在制定目标和落实措施时做到有的放矢。

了解所处环境

幼儿园教师不是独立的个体，而是社会中的一员。在制定个人发展规划方案时应充分分析现在所处的社会环境（如社会与教育事业环境、社区与园所环境、家庭环境、生活背景等）对自身发展的影响。

幼儿园教师个人专业发展离不开幼儿园这个特定的情境，它可以为教师个人专业发展提供特定的要求和资源、机会与支持。制定规划方案时应考虑幼儿园发展总体规划战略、幼儿园软硬件条件、园所的优势资源与不利因素、自身需要的资源等，因为不同园所的物质条件、规章制度、园所文化氛围等有所不同，这就决定了教师在不同的园所环境下有不同的专业发展规划。即使在同一园所的不同阶段也有不同的发展重点，教师在制定规划时也应酌情考虑。只有教师个人的发展与幼儿园的发展形成合力，才能让教师的个人专业发展更为顺利，教师所期待的发展目标才更易实现。

知晓幼儿群体的状况及需求

教师在制定规划方案前要先了解幼儿群体的需求，可从幼儿的知识、能力、兴趣等几方面进行考查，审视自己以往的教学行为及取得的成果和存在的问题。教师个人专业发展规划只有与幼儿园发展规划、幼儿发展目标统一起来才能形成共同的愿景。

2.编制要求

现状分析应力求做到：综合分析自身发展环境，客观面对自己的真实发展现状。教师要充分了解自己，明晰自己的优势与不足，发现自己的潜能，找出个人发展中面临的问题和困难，剖析自身内部个性因素。结合自己所处的外部环境和职业发展趋势的宏观因素，对自己的个人现状和自身的实际情况进行充分、真实、全面、客观、综合的判断与分析。

制定幼儿园教师专业发展规划方案常用的基本方法是SWOT分析法，又称态势分析法。它是一种重要的战略分析工具，一种能够比较客观而准确地分析和研究现实情况的方法。S（Strengths）指优势、W（Weaknesses）指劣势、O（Opportunities）指机会、T（Threats）指威胁。运用SWOT分析法从优势、劣势、机会、威胁这四个方面对内外部环境进行分析，有利于教师发现优势和劣势，找到对其更具现实指导意义的方法和策略。

（二）发展目标

幼儿园教师对个人的发展有规划诉求，就是对个人发展有明确的目标。教师的发展目标是自己在专业发展中的理想、胸怀、情趣和价值观的集中反映。教师要在自我评估和环境分析后，确立客观的、适合自己的、有实现可能的专业发展目标，这是教师专业发展不可或缺的有效保障。

1.主要内容

发展目标即方向，是教师在初始状态下受需求的驱动，对未来的一段时间乃至终生的专业发展的理想状态所进行的预设与监管。目标的重要意义在于它的引导作用，它是帮助我们逐步完成规划、实现发展的有效驱动力。幼儿园教师的个人发展目标定位不是一蹴而就的，它是一个动态的目标体系，是由各阶段的子目标组成的。幼儿园教师在制定规划方案时可根据自身发展需求情况选择相应时间长度的阶段性目标，可以参照目标管理的SMART模型原则来进行设计。发展目标按照时间维度，通常划分为三种类型：长期目标、中期目标和短期目标。

长期目标

长期目标是专业发展规划方案中持续时间最长的目标，它是指时间为五年以上的发展目标。在大多数情况下，长期目标比较宽泛，通常不用太具体，可能随着内外部形势的变化而变化，所以在制定时以呈现大致框架为主。在确定了长期目标后，将其具体化、现实化、可操作化，便形成了中期目标和短期目标。长期目标的主要特征有：（1）目标有可能实现，具有挑战性；（2）目标制定者有较清晰的思路和长远的规划，目标符合自己的价值观；（3）长期目标是认真选择的，需要与社会发展需求相结合；（4）长期目标没有明确规定实现时间，在一定范围内实现即可。长期目标包括总体目标和阶段性目标。

中期目标

中期目标是指专业发展规划方案中，相较于长期目标更为具体，通常以三到五年为时间期限的发展目标。其主要特征有：（1）中期目标通常与长期目标保持一致；（2）中期目标是目标制定者结合自己的意愿和外部环境及要求来制定的目标；（3）中期目标基本符合目标制定者的价值观；（4）目标制定者需要对目标实现的可能性做出评估；（5）中期目标有比较明确的时间，且可做适当的调整。

短期目标

短期目标是专业发展规划方案中持续时间最短的目标，通常是指时间在一到两年内的目标，是中期目标和长期目标的具体化、现实化和可操作化，是最清楚的目标。其主要特征有：（1）目标明确规定具体的完成时间，具备可操作性；（2）服从于中长期目标；（3）短期目标可能是自己选择的，也可能是他人安排的、被动接受的；（4）短期目标需要适应环境；（5）短期目标要切合实际。

目标的分级描述形式：

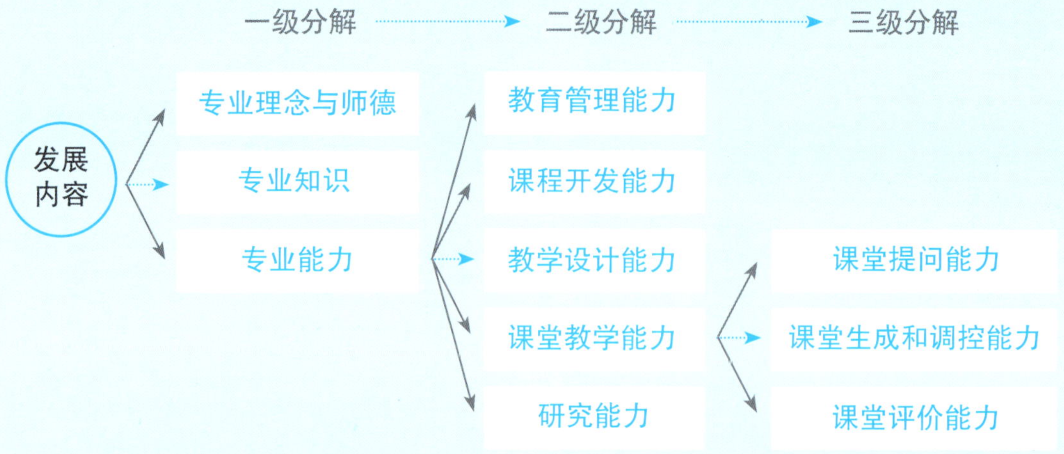

2.编制要求

教师发展没有终点，它是一个不断趋近终点的过程。发展就意味着要有一定的方向和目标，规划则是一种激励人们为此奋斗和努力的愿景。没有明确的愿景和目标，发展大多是缓慢的、无效的、被动的。所以说幼儿园教师的发展是一个动态的过程，个人专业发展目标也是一个动态的目标体系，即在需求驱动的初始状态下，对未来一段时间乃至终生专业发展的理想状态进行预设与监管。在发展目标的编制方面，应遵循以下几个原则和要求。

有序性

完整的目标体系要体现循序渐进的原则，遵循最近发展期，按难易程度进行排序。教师要站在专业发展的角度进行全局思考，可参照《专业标准》，从专业理念与师德、专业能力、专业知识等不同的维度进行描述。

阶段性

层级目标小而详细，是更为具体的目标，制定时应当清楚、准确地加以陈述，既要体现“从整体到局部”的分解的长期目标，确立长期发展序列；又要有“从局部到整体”的整合的分项目标，聚焦阶段发展主题，体现目标的总体分解和分项整合。

匹配性

要与教师自我评估相匹配。幼儿园教师在制定个人发展目标时既不能太笼统，也不能脱离实际，目标过高就会缺乏实现的条件，过低就失去了提升专业水平的价值。如果所设定的专业发展目标不是基于教师的兴趣、需要和优势，那么目标就难以实现。

可行性

若个人目标脱离实际，则起不到促进教师专业成长的作用。目标过高缺乏实现的条件，则无法完成；目标过低而没有针对性，实现起来过于简单没有实际效应，毫无意义。目标制定要注意弹性适度，既重点突出价值，又具体可行。

挑战性

目标的设定应基于自己的需要和优势且具有一定的挑战性。在制定幼儿园教师发展规划个人目标时我们应当力求做到：明确自身发展阶段，科学确立发展方向。所制定的目标要有可能实现，且必须经过一定的努力才能达成。

一致性

个人专业发展的目标方向应与幼儿园的发展目标尽量一致，个人专业发展可以从幼儿园发展的过程中获取有益的资源和支持。

时效性

目标要设立时间界限，明确阶段目标达成的时间，确保目标实现具有可观察性，即能看到达成阶段目标的过程性时效材料。

作用性

陈述方式要便于发挥目标的导向、检测和评价功能。

（三）实施途径

现状条件分析让教师评估出“我是谁”，发展目标的设定让教师认识到“我想做什么”，实施途径告诉教师“我怎样做”。落实规划的关键在于“做”，再完美的个人发展规划，如果缺少执行、不操作，没有落实到具体的行动中就不能发挥实际作用，那样的规划是毫无意义的。

1.主要内容

实施途径即具体行动措施，涵盖了教师专业发展的路径、方法、策略、手段、措施以及所需的支持与帮助等相关信息。实施途径是教师制定的围绕既定目标所采取的具体的、可操作的、行之有效的措施和方法策略，是教师设计的能够达成各阶段目标、推进规划发展的动态行动实施方案。教师要充分发挥自身主动性，根据自己的特点和可能达成的目标积极采取行之有效的措施，主动执行和落实个人专业发展。

教师可选择的实施途径和策略是开放性的、多元化的，能够促进专业规划行之有

效的实施途径有很多，这里列出一些在教育实践中教师常用的措施、策略、途径，以供参考。

路径：教师专业发展的路径是指教师作为一名专业人员，在完善自己专业思想、专业知识和专业能力等方面的过程中的规划，即对自己由一个新手发展成为专家型教师的成长过程的设计。

方法：教师可根据自己的特点、目标和条件选择能够促进自身专业发展的做法，如自主学习、同伴互助、专业引领等。具体方法有：学历研修、自学理论、专业阅读；活动观摩、团队研修、外出考察、课例研究、课题引领、网络学习；参加各级各类培训、专业会议、专业研修，加入专业学术组织；承担课题研究、撰写论文、案例开发、上公开课、撰写反思、观察记录；积极参与教研活动，主动听课、评课，参加集体备课，主动与同伴交流等。

策略：一个好的专业发展策略不单单是一个活动项目，它还包含许多活动的组合。教师应充分利用环境资源助力规划的落实。终身学习是教师专业发展的前提保证；行动研究是教师专业发展的基本途径；教学反思是教师专业成长的必经之路；同伴互助是教师专业成长的有效方法；专业引领是教师专业成长的重要条件；课题研究是教师专业成长的有效载体。

手段：教师可以通过“分析—设计—执行—反思—调整—再制定—再执行—再反思—再调整”的螺旋上升式的连续过程来编制实施途径这一要素。

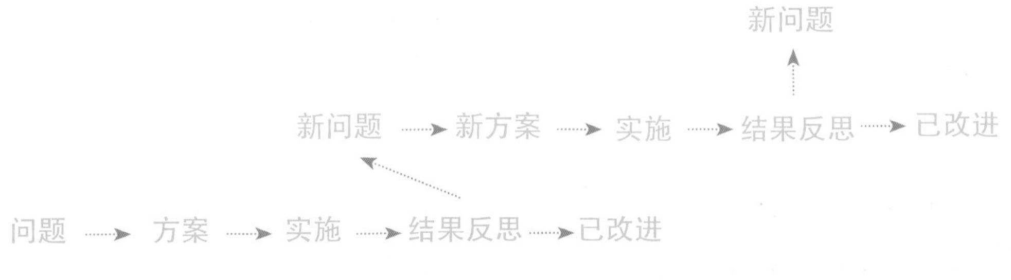

措施：专业知识、专业技能和专业情意的水平是教师专业素质的主要组成部分，这三方面的发展水平决定了教师专业发展水平。只有通过教师专业知识、专业技能和专业情意的发展，才能有效地促进教师的专业发展。促进幼儿园教师专业发展的措施多种多样，需要注意的是，不同措施适用于不同情况，在拟定措施时，教师要考虑措施与所设定的目标相匹配。例如：

思想引领	将职业理想与近期工作紧密结合
阅读文献	做一个职业敏感者
业务培训	为成长提供充足的养分
案例研究	激发和培养自己发现问题、分析问题、解决问题的能力
拜师带徒	通过传、帮、带、教，促进不同阶段的教师协同发展
科研引领	在研究中学习，在研究中提升
文化熏陶	让自己的专业发展与幼儿园的质量提升形成合力
展示自我	满足自我实现、体验成功的需要

2.编制要求

在制定实施途径时应结合自身实际深入思考，制定合乎逻辑、便于实施的行动策略，即符合自身特点，符合设定目标，可行性强的方案。教师应当力求做到：

1 个性化强，实施途径必须符合自身特点

教师的自身特点、专业起点各不相同；认知方式、学习方式各不相同；所处环境、可利用资源各不相同；制定的规划目标及整体规划需求也各不相同。所以，每位教师达成规划的方法、途径也须符合自身认知特点和习惯。选择的具体实施方法是要通过努力可以进行的，不能超出自身能力范围，也不能太缺乏挑战性。

例如：学习新知识的有效方式是不同的，场独立型的人适合于独立学习，而场依存型的人偏向有人指导的学习。

2

针对性强，实施途径必须符合自定目标

紧紧围绕规划方案中的既定发展目标采取行动策略，将目标逐级分解，逐个制定、逐步达成。让教师在向扎实的目标趋近中体验成功与乐趣。所有的实施途径必须紧紧围绕规划的发展目标而开展。制定的每一个策略、方法指向性都要强，都应针对某一个具体目标。

例如：目标是“组织能力的发展”，那么参与培训、专业阅读之类的实施途径就不是非常有效的专业发展策略，相反，课堂观察、同伴互助、反复实践等可能更有效。

3

可行性强，实施途径必须能落到实处

专业发展策略通常需要特定的条件，落实的途径要明确、具体、条理清晰，且须保证实施的方法与策略是切实可行的。

例如：教师规划两年之内成为“名师”，而地区教育局多年没有开展此项评选活动，这样的规划显然不合适。

4

融合性强，实施途径必须要立足本职工作

规划方案的实施途径应与自身的工作内容相结合，形成发展共同体。将个人专业发展活动镶嵌于日常专业实践之中，既能保证规划方案得以顺利实现，又能通过规划方案的实施促进专业成长。同时，这种方式具有时效性，能减少教师时间与精力的不必要分散与消耗。此外，这样的做法能够充分利用周围环境资源助力个人发展规划目标的达成。

例如：园所主张“课题引领，促园所发展”，教师可以充分利用园所资源，将自己的个人发展规划与园所主张相结合，在自己的“小课题”实施过程中促进个人发展。

规划是个人在对客观条件进行分析、判断的基础上所做出的计划、预设。随着教育的变革、教师发展阶段的变化、内外部条件的变化，规划是可以进行灵活修正和调整的，它的实施途径也一样可以及时调整。

二 撰写指导

教师的专业成长是一个漫长而复杂的过程，不可避免地会出现这样或那样的问题。教师在制定幼儿园教师专业发展规划方案时也会遇到各种问题，我们需要帮助幼儿园教师走出困境，克服障碍，更好地实现专业发展。在此，结合条件分析、发展目标和实施策略等要素将撰写案例时常见的问题进行分析、给予指导，旨在帮助幼儿园教师从专业的角度制定规范的发展规划方案。

（一）条件分析要素制定常见问题与指导

1.对教师个人发展规划重要性认识不够

问题表现

非幼儿园教师主动意愿，被动执行。例如，通过实践调查发现，在现实中往往有些教师是“被规划”的，制定个人发展规划方案是领导要求的，是迫于上级要求而制定的，觉得规划就是“给领导看的”。这类教师的发展规划多是照搬、模仿他人的规划，只是进行复制、粘贴而已。

有些教师存在“计划没有变化快”的心理，认为所有的事情都按照实际情况进行，觉得规划就是形式，是理论上的逻辑而已，制定了也不一定按照规划去做。

也有些教师虽然制定了规划方案，但觉得对自己没有实质性帮助，因此不会自觉、主动地执行。

分析指导

这类问题出现的主要原因是教师制定个人专业发展规划方案的主观意识存在偏差，不认同、不接受或者被动接受这一要求，只是为完成上级教育部门和园所提出的要求或下达的任务。这种自上而下的行政指示只能让教师迫于形势，勉为其难，敷衍了事，没有以教师的自觉意识为基础，没有激发教师自我发展的动力，违背了制定专业发展规划的初衷。这种没有触及教师内心层面又不大可能激起教师教育情感的规划，通常表现为“规划是一套、行动是另一套”，缺乏落实、执行的意识，即便制定得非常完美，对教师的发展也是毫无意义的。

教师实现专业发展的途径有很多，教师专业发展规划具有不可替代的价值，但若要真正地发挥其作用，教师的主体状态是关键。教师专业成长的根本动力来自教师的自觉意识，源于教师的内在需求和动力。

制定个人专业发展规划方案应该源于教师自发的、内源性的要求。对教师个人成长、专业发展有帮助和指引作用的是教师高度自觉的、基于人生价值追求的行为。所以，在制定教师发展规划之前，首先要明确几个前提——发展规划是否是教师发自内心的迫切需要？是否是教师的主观意识？教师是否能主动执行？只有能作出肯定回答的真规划才能促进教师真发展，才能体现发展规划的真正价值。

动机

做任何事情都是由一定的动机驱动，不管这一动机是异常强烈的，还是相对微弱的。动机体现着个体希望事情往什么方向发展的意愿，也决定着事情的进展能否保有一以贯之的性质。进行教师专业发展规划也是一样的道理。在决定制定个人专业发展规划方案时，必须平心静气地进行自我省思，问问自己："我为什么要制定个人专业发展规划？它是否是我内在发展的需求？"

意愿

利伯曼（Lieberman）指出："有效的教师专业发展建立在需求、反思和参与者需求驱使的尝试上。"因此，规划必须建立在教师的主动意识之上，受教师迫切的发展愿望驱使，充满着教师的自我反思与自我审视、积极的实践与改进的行动。这种主动的意识，应该是教师个人对专业发展的真实需求。因此，在制定规划时还要问问自己："我究竟是不是发自内心地需要制定个人专业发展规划方案，并通过它达到专业上的提升？"

意志

能否忠实地履行规划的要求，决定着规划能发挥多大程度的效力。不管是长期的，还是短期的，幼儿园教师专业发展规划都贯通着从现在到未来的时间距离，都包含着众多的规划任务与内容，这意味着仅凭一腔热血与主观愿望是远远不够的，教师只有具备坚强的意志力与持之以恒的精神，才能给予规划目标的实现以最根本的保障。因此在制定规划时还需要再问问自己："我究竟能不能很好地执行这份规划方案？"

2. 对规划中各项因素分析不够深入

问题表现

个人剖析不深入、自我定位不客观。例如下面的案例：

个人基本情况					
性别	×	出生年月日	×××	政治面貌	××
毕业院校	××××	学历	本科	专业	教育管理
工作时间	×××	现任职务	教师	职称	一级教师

（续表）

个人基本情况						
起止时间		2016—2021	年龄跨度	43—48	发展阶段	成熟稳定期
自我剖析	优势：爱岗敬业，在教坛上默默耕耘，曾获得区优秀教师的称号，撰写的论文曾在国家级、省级、市级论文集中发表，玩教具制作曾获得市级、区级一等奖。参与过幼儿园立项课题的研究工作。担任教师一职24年，在一线工作中积累了较丰富的教学经验，对课程比较熟悉，对教学目标的把握相对比较准确，能关注能力和情感目标的落实。					
环境分析	幼儿教育在儿童教育中的重要性逐渐被社会各界认可，不管是幼儿园的数量还是幼儿的数量都已发生了翻天覆地的变化。我们幼儿园在大连市是基地园，户外活动是我园的研究课题，幼儿园每年都会派教师到全国各地参加培训，以获得较先进的教育理念，促进教师队伍整体素质的提升，提高教师的教学科研能力。					

分析指导

此案例中，教师在制定规划时的自我诊断不深入、不客观，对环境认识不深刻、信息掌握不全面，导致自我定位不准确。

这位教师的个人发展规划基本情况分析没有全面充分地分析、认识自己的特点与优势。自我剖析只有“优势”，环境分析只有“机遇”。自身内部因素分析得不透彻，对自己的认识不够客观、全面，环境分析缺少对周边威胁与挑战的分析与梳理，特别是缺乏对自己的能力、兴趣、缺点与劣势、价值观和教育信仰等方面的分析，而只是进行了表面化的泛泛描述。教师不仅要挖掘自己知识和能力方面的优势和潜能，而且应诊断出自己的劣势所在，并具体分析，而诊断自己存在的问题和缺陷，以便规划更有针对性。

在个人发展规划案例中，还有很多教师对自己所处的发展阶段模糊不清，不知道自己到底处于何种时期，不能正确地认识自己，要么对自己的定位过高，无法实现；要么对自己的定位过低，与其发展不匹配。这些势必会使得发展规划成为空谈，对其专业发展起不到应有的导向、引领作用。

（1）正视不足，客观分析

教师可以尝试运用SWOT分析法，全面客观地分析自己。从自身角度出发，对自己在专业发展与自身成长中的长处与短处进行客观的剖析，不要回避，可用加德纳多元智能理论来审视自己智能的优势与不足。只有正视自己的优势与劣势，清楚自身的优势、薄弱之处及自己的潜力，才能更好地在专业发展的过程中扬长避短，做出正确的规划，促进自身的发展。

同时，不要规避威胁，对威胁和挑战的分析需要更多地着眼于外部竞争环境和发展趋势。幼儿园教师要尽可能对面临的各种机会进行评估，必须同时考虑自己的需求、幼儿园的愿景与发展规划、教育的发展及教师专业的发展趋势。要对机遇和挑战进行理性分析，充分地认识外部因素，也就是幼教大环境的影响，如所在地区、幼儿园以及周围的人事物等综合因素，这些都会对自身专业发展产生深远的影响。只有透彻剖析自己，才能更加明确个人的专业发展方向，从而确定专业发展目标，把握最佳发展机会。

（2）明确阶段，有效发展

教师的发展是有阶段性特征的，并且在各个发展阶段，各项发展指标存在着质和量的水平差异。教师的职业生涯阶段一般分为入门期、成长期、成熟期、超越期等。对于幼儿园教师来讲，不同发展阶段有不同的专业要求和专业特征，教师在制定个人专业发展规划时，要通过全面的分析，明确自己所处的发展阶段，根据所处发展阶段的特殊性科学、合理地设计教师专业发展规划。

3. 没有体现教师的个体差异

问题表现

设计的发展规划内容相似，没有针对性。请看下面的幼儿园教师专业发展规划方案案例对比。

案例一：

优势	1. 爱孩子，对孩子有耐心、爱心、责任心。 2. 热爱幼教工作，有进取心、上进心。 3. 有较强的接受新事物的能力和学习能力。 4. 充分理解家长，对家长热情。 5. 善待身边每一个人，传播正能量。
劣势	1. 工作中缺少经验总结，理论高度不够。 2. 创新意识薄弱。 3. 观察与指导幼儿的能力有待提高。 4. 有职业倦怠的倾向。 5. 性格偏内向，不善于交流。
机遇	当前学前教育日益受到关注和重视，幼儿园的教育教学工作正在走内涵发展之路，这是个人发展的机遇，为展示自己提供了机会。我园作为大连市《指南》实施的试点单位，以研究益智区游戏为主要方向，提升教师对幼儿游戏材料投放、观察与指导能力，因此我要抓住契机，进一步提升专业能力与素养。

挑战

随着《指南》的深入开展，各家幼儿园对《指南》的理解与实施也参差不齐。面对同龄教师、新教师的日益成长，我必须更加努力，修习自己，更新自己的教育观念，潜心研究区域游戏，形成自己的教学特色，具有专项特长，并把自己的经验传播出去，让自己具备高素质、高水平，符合时代要求，具有终身学习能力和教育创新能力，在教育教学中发挥示范和辐射作用。

案例二：

自我剖析

优势：有责任心和进取心，关心和关爱每位幼儿；具有较强的接受新事物的能力和学习能力；对待家长热情友好，有服务的意识；谦虚好学，积极与其他教师进行交流、讨论，向有经验的教师请教。

劣势：学前教育理论有欠缺，教学方法有待向多元化转变，专业能力需进一步提高；对教育实践没有进行及时反思和总结，缺乏有针对性的指导和引领；缺乏理论支撑，不能及时积累日常有价值的研究材料；音乐与舞蹈功底薄弱；心理素质不够好，不善于交际；工作中偶尔有急躁情绪。

环境分析

机会：当今的教育飞速发展，幼儿教育又受到了国家和全社会的高度重视，作为幼教人，这是个人发展和展示自我的大好机会；《幼儿园工作规程》（以下简称《规程》）的颁布和《指南》的全面推进，要求幼儿教师不断更新自己的教育观念，提高教育教学水平，更好地适应社会要求，跟上幼教前进的步伐；通过专家的引领，使自己在各方面都得到提升和发展。

挑战：面对新要求、新局面，特别是幼教岗位中新力量的冲击，我必须更加努力，形成自己的教学特色和风格；在教育教学中发挥市级骨干的示范和带头作用，不断向学习型、研究型、专家型教师方向发展。

分析指导

通过以上两份幼儿园教师专业发展规划方案的对比，我们不难发现，两位教师制定的规划方案相似度极高，自我剖析和外部环境分析几乎一样，没有结合自身的成长过程与发展规律，没有鲜明的个性特征，缺乏个人的针对性。

很多教师在制定规划时，常常出现大同小异的现象，教师没有真正思考，只是一味地效仿、照搬别人的规划。有的教师则按照领导或上级部门提出的统一要求、统一规格，甚至是统一模板来“填空”。这种“格式化”的规划对于新入职的年轻教师比较适合，而对于成熟教师或骨干教师，其专业发展规划的空间反而受限。

从发展的角度看，尽管教师专业成长有普遍的规律，但对于个体而言，教师的成长过程则具有鲜明的个性特征。所有教师不可能像阅兵部队的士兵一样步调一致地“齐步走”。每位教师都是一个独特的个体，每个人的自身成长过程、学习经历、个人意识、社会境遇、所处的环境、单位发展前景等情况都各不相同。不同阶段的教师的发展需求也各不相同，即使是属于同一发展阶段的教师，由于其对教师职业的态度不同，个体经验和能力积累存在差异，反思与科研水平参差不齐，其专业发展规划也不可能千篇一律。

每位教师的成长与发展都应具有明显的“个性”，都应有其特殊性和个性化差异，即具有鲜明的个人色彩。对每一位教师来说，深刻地认识自我和剖析自我，找准自己发展的切入点和生长点，理论与实践相结合，扬长避短，形成自己的教学特色，才是真正的教师专业发展。

（1）因人而异：“人”指教师的个性特点，包括能力、兴趣、智能倾向、认知风格等。

（2）因时而异：“时”指教师所处的专业发展阶段。

如教师在入职初期，由于刚熟悉职业岗位，应尽量扬长避短，选择自己的优势路径，以获取更多的发展空间；而已经积累了大量经验的教师要善于取长补短，补齐“木桶”中的“短板”，突破教师专业发展的瓶颈，让自己具有可持续发展的潜力和后劲。

（3）因境而异：“境”指教师所处的发展环境。

（二）发展目标要素制定常见问题与指导

1. 目标与其发展阶段不匹配

问题表现

不知道自己到底处于何种发展阶段。目标制定得过高或者过低，不符合实际。

案例一：

一位教龄 6 年的青年教师制定的个人发展规划总目标：

1. 参加学前教育专业研究生学习，在理论上进一步完善自己。

2. 踏实努力地做好本职工作，管理好班级。

3. 在掌握一定的计算机应用技能的基础上，进一步学习制作多媒体课件。

4. 在舞蹈方面发挥自己的优势，培养幼儿欣赏美、表现美的能力。

5. 对每个幼儿都要投去关注的目光，让每个幼儿都感受到老师的关心。

6. 通过“十三五”期间的学习和实践，自己能够积累一定的经验，争取发挥好示范带头作用，争做幼儿园领头人。

案例二：

一位从教 20 年的成熟型教师制定的个人发展规划总目标：

1. 更新教育理念，能够以发展的眼光看待幼儿与教学，具有一定的创新精神及教研意识。

2. 认真学习《幼儿园教育指导纲要(试行)》(以下简称《纲要》)、《指南》和《规程》，不断用知识提高、充实自己。

3. 积极参加各类培训，并将学习到的内容与实践相结合，提高文化素养及反思能力。

4. 通过系列的学习与研究，自己努力成为一名“志存高远，爱岗敬业，为人师表，教书育人，与时俱进”的老师，一名让家长和幼儿都喜爱的新型教师。

分析指导

通过以上两个案例的对比，我们看到，案例一中的教师从教 6 年，为自己制定的 5 年发展目标是尽快成为幼儿园领头人，案例二中的教师从教 20 年，为自己制定的 5 年发展目标是做一名家长和幼儿都喜爱的新型教师。不难看出，这两位教师在制定发展规划时设定的目标都与其发展阶段极不匹配，案例一中目标过高、过大；案例二中的目标对于一位教龄 20 年的教师而言毫无挑战性。

案例一中教师的专业发展规划：有些目标制定得过于笼统，缺乏操作指向，不易实现，该教师应尽快夯实理论与实践基础，快速成为一名幼儿园青年成熟教师。

案例二中教师的专业发展规划：若结合教师职业生涯周期的理论，工作 20 年的教师应由固定的、常规的、自动化的工作模式向探索型和创新型工作模式转化，形成自己的独到见解和教学风格，让自己从幼儿园骨干教师向专家型教师转型。所以，该教师此份规划的发展目标的制定，应涵盖学术、教学、行政等方面的内容。

很多幼儿园教师，特别是工作 10 年以下的教师，有一定的工作经验和能力，但往往对自己所处的职业发展阶段模棱两可，不清楚自己现在处在什么阶段，自己到底是青年教师还是经验型教师。工作了 10 年以上的教师，更是积累了深厚的理论及经

验基础，也开始困惑自己到底是经验型教师，还是已经可以算是专家型教师。

这些现象的出现，究其原因，是教师发展愿景不清晰，导致发展路径和方向不明确。教师对自身的发展阶段的解读不够，没有结合自身实际深入思考，所制定的目标与自己现在所处的发展阶段不匹配。

愿望总是美好的，“专家型教师”“智慧型教师”“名师”“特级教师”成为多数教师专业发展追求的目标，这在很大程度上也代表了多数教师的理想，成为激励教师不断发展的主要动力。但这种目标由于较为抽象而缺乏具体的目标指引，往往让教师感到不知所措，对专业发展渐生抵触情绪，逐渐退缩。因此，幼儿园教师对自己的定位要适中，过高或过低都不利于规划的实现与发展。

指导要点：

若要制定与自己发展阶段相适应、相匹配的个人发展目标，必须清楚自己所处的发展阶段，只有这样才能为下阶段或长期发展设计制定合理、有效、可行的成长计划目标。制定的个人发展目标应是教师深思熟虑的结果。

（1）对应自身发展阶段

教师的专业发展具有阶段性特征，处在不同的职业生涯阶段时，教学实践经验、教育教学能力、教育理念也处于不同的水平，与之相关的专业发展需求、专业发展方式和途径也是不同的。个人发展阶段的确定是在自我评估和环境分析的基础上，对自我进行全面、综合、客观的分析，通过对自我的详细评量后得出的结论。

（2）合理定位发展目标

最适当的目标是基于自己的需要和优势，且具有挑战性的目标。目标制定要适中、切合实际，要基于个人发展目标的原则，制定能对个人规划发展起到实际效应的目标。目标不宜过高，否则实现起来有很大困难，急功近利和好高骛远的目标在实施过程中无法触及；目标不宜过低，不痛不痒、毫无挑战的目标轻易就能达到，对个人的宏观发展起不到任何指引性作用。

2. 目标层级无关联、指向不明确

问题表现

整体目标层级体系不清晰。目标表述太概括，不够细致。例如下面的案例。

一位青年教师的个人发展规划目标如下：

发展目标	1. 专业理念：通过培训学习与自我学习，不断拓宽自己的知识视野，增加自己的知识储备。 2. 专业知识：注重游戏研究，掌握幼儿园游戏活动设计、实施与指导的策略。 3. 专业能力：善于发现、研究、解决教育教学中的问题，善于把教育教学实践的经验升华为理论，善于发现和掌握教育教学规律。 4. 管理能力：善于学习与积累中层管理经验，创新开展幼儿园教育教学工作并形成特色。

（续表）

	阶段目标	具体措施	检测指标
第一年	1. 提高教育理论水平。 2. 提高教研组织能力。 3. 学习与积累教育管理经验。	1. 学习《规程》《指南》《纲要》。 2. 设计组织实施教研活动。 3. 通过阅读资料，学习管理经验。	1. 写读书笔记。 2. 独立组织幼儿园教研活动。
第二年	1. 及时反思调整目前所形成的特色工作体系。 2. 指导幼儿园教师提升自身的游戏活动设计、组织与实施能力。	1. 幼儿园评价工作形成特色，并积累经验，实现自我提升。 2. 参与大连市幼儿园教学大赛活动。	1. 发表一篇学术论文（幼儿评价方面）。 2. 指导幼儿园教师执教一节市级教学活动。
第三年	1. 及时反思调整目前所形成的特色工作体系。 2. 发挥骨干引领作用。 3. 提高课题研究意识。	1. 时刻把工作与思考相结合，创造性地开展工作。 2. 申报个人课题。	1. 园本教育形成特色。 2. 指导教师执教一节省市级优秀教学活动。 3. 个人市级课题立项。

分析指导

各层级目标之间没有连续性，各级目标不均衡，目标指向不明确。教师对于个人发展的渴望可以理解，但短期目标的内容过于繁多，在真正实施的过程中就难以保证全部落实。目标一定要结合自己的实际落实能力，即便目标是少量的，但如果能长期坚持，对教师的个人发展也能发挥作用，促进教师成长。此外，该教师所制定的目标内容太粗略、太概括，没有阐述实现目标的方法与途径，目标内容没有被具体化，不利于教师对目标的落实。

想要制定系统化、能真正促进自身发展的专业发展规划，教师首先就必须细化自己的发展目标。教师要注意条理清晰，表述明确，目标结构要合理、科学、有可操作性，并预留调整空间；教师必须对每一个阶段的目标、实施策略以及预期成果进行细化，使其形成有效的强化期支持体系。

制定个人发展目标时，应注意目标间的聚焦与分解。应在总目标的引领下，层层分化长期、中期等各级子目标，使目标为专业发展提供导航。小的任务目标、短期目标要紧紧围绕阶段目标层层递进，不断融合、汇总，遵循总目标导航的引领，使教师最终实现个人专业的成长与发展。

3. 目标与园所发展方向不一致

问题表现

只关注自身的实践，对自身专业发展没有深入思考，制定的目标与幼儿园整体目标不相符。例如下面的案例。

××××足球幼儿园崇尚“以幼儿为本”，快乐学习，把游戏、活动还给孩子的教育理念。

新岗教师三年发展规划目标：

发展目标

1. 不断提升自己的师德修养，做幼儿喜欢的优秀教师。
2. 工作中大胆开展实践与研究。
3. 有创新、敢改革、会反思、会提升。
4. 掌握现代教育技术，掌握计算机、多媒体、远程教学的方法。
5. 注重幼儿美术研究，掌握美术教育活动的设计、实施与指导的策略。
6. 能发现问题、研究问题、解决问题，把经验升华为理论。
7. 独立设计、承担课题并组织实施。

分析指导

在该案例中，从幼儿园的名称就知道该园是足球幼儿园，可以得知此幼儿园的主要特色发展方向与定位是足球教育，幼儿园的办园理念是崇尚“以幼儿为本”，快乐学习，把游戏、活动还给孩子。该教师制定的个人发展目标更多的是注重对自身教育实践工作与想法的发展，而对于自身职业的认同或想要达到的与学前专业相关的教育观念、专业态度和专业精神的阐述却很少，缺少与时俱进的专业知识，没有从自身专业发展的角度进行深入思考，没有把握幼儿园的发展方向，不利于教师的快速成长与发展。

既然是专业发展，个人发展目标就必须反映教师专业发展的方向，否则就难以称为“专业发展”。教师需要从专业发展标准中明确专业发展的方向，了解专业对不同发展水平的教师的期望，结合自己的需要和优势，形成自己的发展愿景。

幼儿园是幼儿园教师成长的摇篮，是幼儿园教师专业发展最重要的场域，每位教师都是在幼儿园这个环境中成长的个体。幼儿园的发展与定位间接地影响着幼儿园教师的成长与发展方向。教师应把握幼儿园发展战略与发展定位，规划出与幼儿园发展方向相契合的个人发展方向。

当教师个人发展与幼儿园发展方向相同，个人专业发展目标体现着幼儿园发展目标时，个人的专业发展可以从幼儿园发展中获取更多的有效培训、课题研究等有针对性的引领，获取更多有益的资源和支持，自身专业发展就会更为顺利，所制定的个人专业发展目标也就更容易实现。

（三）实施途径要素制定常见问题与指导

1. 发展措施笼统模糊，没有针对性

问题表现

制定的实施途径缺乏实质的、具体的操作方法，发展措施没有针对性、指向性，缺少实效性，无法检验。

请看下面的案例：

	阶段目标	具体措施
第一年	1. 提高自身师德素养。 2. 坚持学习教育理论，实现理论与实践的统一，推动专业理论素养的提升。	1. 加强师德培训，严以律己，以高尚师德标准严格要求自己。 2. 自学《纲要》《指南》《规程》等教育理论纲领性文件，不断提高理论联系实际的水平和能力。
第二年	1. 树立科学的儿童观、教育观，以饱满的热情做好幼教工作。 2. 完善自己的教学风格，学习新的教学技术，提高工作能力和水平。	1. 深入学习《纲要》《指南》《规程》中的新理念、新精神，促进自身专业能力的提高与发展。 2. 学习和提高多媒体运用技能，实现教育实践能力的飞跃。
第三年	1. 形成自己独特的教育风格，从成熟期走向精专期。 2. 让自己的专业素养得到进一步提升。	1. 参加各级培训，把握学习的机会，虚心向专家教师们学习，认真学习，弥补不足。 2. 深入学习和领会先进的教育理念，不断丰富教学经验，拓宽自身视野。

分析指导

通过阅读案例，我们发现该案例制定的实施途径的表述里出现了大量的套话、范话，表达过于笼统，无法抓住具体的实施途径，没有具体的落实操作，路径导向不清晰，很难看出教师是通过什么具体的方法、途径实现自身专业发展的。对落实具体工作措施也无法进行监测。这说明教师在制定实施途径的过程中没有进行深入的思考，规划的目标是通过具体的措施和方法来实现的，只有目标，没有具体的方法去操作，规划是毫无意义的。

还有很多幼儿园教师认为规划方案制定完成就可告一段落，至于目标与策略是否真正有效，如何落到实处，每一阶段的达成度如何等，都不去跟进，缺乏一定的动态处理，导致制定的专业发展规划是一次性的、静态的、无效的。教师是环境中的个体，会受到外界环境、内部因素以及突发事件等的影响，教师制定的个人专业发展规划方

案也不应是一成不变的，应根据目标的调整而调整，实施的途径也是一样，应根据目标的变化而变化。而且教师的发展规划在不断的推进中，会出现很多不合时宜、不周全、不切实际的问题，这是需要教师在落实中不断地反思调整的，因此，幼儿园教师专业发展规划方案是动态性的。教师要动态地设置措施与策略，更加有效地支撑目标的达成。

在制定规划措施时，应针对个人发展规划中的目标逐一思考，找到最合适的方法策略。采用自己最适应、最习惯的方法与手段，制定最合乎逻辑、便于实施的行动策略。实施的途径指向性要强，在实施途径方法上应学会融会贯通。

在实施途径的表达上要具体清晰、细致有序，要通过具体的、实际的方法来逐条完成预定的发展目标。教师要让目标不断地具化分解，最终变成一个个小单元、小任务，这样，目标是可见的，便于教师通过有针对性的、可操作的、有效的方法去实施。

2. 忽略与幼儿园发展规划相结合

问题表现

与自己和幼儿园的主要工作脱节；发展规划缺少理论支持和团队引领。

例如下面的案例。

<table>
<tr><td colspan="2">个人情况分析：</td></tr>
<tr><td>优势：
1. 我一直都保持着一颗童真的心，能够用幼儿的语气和他们交流；我也能够亲身加入幼儿的游戏中，和他们一起畅快地玩耍；上课的时候，我用亲切的教态对待每一个幼儿，用幼儿的语言引导他们。
2. 我也比较擅长美术，喜欢和幼儿一起绘画。在计算机操作方面比较熟练，基本的英文也难不倒我。因此，对于以后各种课件的制作我一定可以胜任。</td><td>弱势：
理论知识缺乏，向专家学习的机会较少，开阔视野的机会较少，这一切的难题都需要我努力去一一攻克，但是我有自信让自己在学习中成长，在工作中成熟，勤一定能补拙。</td></tr>
<tr><td colspan="2">个人总目标：</td></tr>
<tr><td colspan="2">1．参加教育学专业的研究生学习，在理论上进一步完善自己。
2．在一定的计算机应用的基础上，进一步学习多媒体课件的制作。
3．在美术方面发挥自己的优势。
4．对于每个幼儿都要投去关注的目光，让每个幼儿都感受到老师的关心。</td></tr>
</table>

（续表）

第一阶段	第二阶段	第三阶段
目标：建立自我管理意识，激励自我发展。	目标：增强自我管理意识，注重自我发展。	目标：发挥自我管理效能，完善自我发展。
措施： 1. 制定个人发展目标，制定个人新的五年计划。 2. 建立个人专业成长档案。 3. 积极参与园内各类评比活动。	措施： 1. 参加研究生学习，进一步提高教学理论。 2. 在探索美术教学方法的同时，努力提高美术教学水平。 3. 经常翻阅一些有关幼儿心理的书籍，通过学习让自己更深入地了解幼儿的心理，从而运用更为正确、有效的教育方法。	措施： 1. 探索多媒体技术的知识，达到熟练操作多媒体技术的水平。 2. 利用年轻人的优势，在教学上多运用多媒体技术。

分析指导

通过阅读案例发现，该教师在对自我分析和规划时，更多的是从自己的兴趣爱好、特点出发，以已有经验、惯有的思维方式为基础制定个人发展规划，涉猎的理论知识不够全面，各领域缺少融合，缺乏系统的知识体系的支持。

该教师制定的个人专业发展规划方案没有与幼儿园的发展规划相结合，没有立足在本职工作基础之上。因此，在制定具体实施途径的过程中与幼儿园主要工作脱节，导致在提升推进自我发展的过程中缺少团队的引领和推动。教师自身的努力很重要，但也离不开园所和教育行政的支持。

教师要通过自主阅读经典教育专著来丰富自己的专业知识，并做好课题研究，进行教育教学反思，积极参加教育科研活动，通过专家的引领、团队的带动，帮助自己快速成长。

同时，教师应及时调整具体的实施方案，在制定实施途径时要立足于本职工作，并与本职工作相结合，减轻自己的工作压力。将个人发展规划与幼儿园发展规划相结合，学会借助幼儿园良好的环境资源和周围可利用的资源，在环境中找到支持自己规划实施的方法，创造有利条件，助力自己更为顺利地达成规划目标。

3. 缺失切实执行力

问题表现

实施的过程中难以坚持。教师往往设立了相应的目标却没有付诸行动。目标制定过多难以落实，与现实脱轨。

例如下面的案例。

业务方面具体措施：

（1）读书：每天看专业书籍一小时，每月阅读两本教育理论书籍，并撰写两篇读书心得，做到理论与实践相结合。每月阅读两本教育杂志，记录有价值的内容并进行汇总，以便于运用到实际工作中。

（2）实践：每月上一节教学观摩公开课，一节拉练公开课；对课程进行深度挖掘，教学实践中，在先进教育理念的指导下进行深刻反思；每月组织一次教学研讨，发挥“学科带头人”的作用。

（3）写作：每月撰写视角独特的随笔、反思、观察记录、叙事记录各一篇；每学期撰写两篇有质量的论文；每周为全班孩子写成长记录一次。

（4）课题：以课题研究为抓手，立足课堂，每月组织两次课题专项科研活动，并不断总结经验，提升理念，拓展能力。

（5）能力：每天练琴一小时、跳舞一小时。

分析指导

通过这个案例发现，该教师制定的规划流于形式，与实践脱节；目标制定得过于丰满，在实施的过程中难以达成，缺少时效性的约束。规划都是期许的、美好的，很多教师在落实过程中难以坚持；或是执行一段时间后，遇到问题或者困难就弃之不理了，随着时间的推移就越发难以执行，而后就逐渐自动放弃了，逐渐失去了信心。

例如“每天看专业书籍一小时”“每天练琴一小时”，乍看不难，但若要数年如一日地坚持，则需要足够的意志力作为支撑。规划中许多类似这样的内容，都因为教师意志薄弱或者不坚定而化为乌有，而规划的意义也因为它们实质性的虚无被吞噬得空空如也。教师能够在多大程度上忠实地履行规划的要求决定着规划能在多大程度上发挥效力。

教师的规划内容不要太多，要保持目标的阶段性，在每一阶段的目标达成后再进行下一阶段的规划。制定的目标都应该是“跳一跳能够得到”的。切实可行的规划才有利于教师长期执行。

规划目标的比重，将目标分成难、中、易几类。通过筛选找到哪些目标是需要终身落实的，这种长远的目标不宜过多，如每日练琴；找到哪些目标是阶段性的，集中一段时间是可以达成的，如学会一支舞蹈。教师只有找到与自身相适应的职业发展目标、方法、措施等才能获得卓有成效的发展。

知识卡片

基于SWOT模型分析的幼儿教师发展对策探究图

SWOT 分析法解析			
S（优势）	内部因素	自身专业与岗位相匹配、专业知识丰富、自身性格优势以及有力的竞争态势等。	要尽可能对自身内部优势进行挖掘，并大力发展，以此来扩大自身的优势。
W（劣势）		职业素养不足、专业知识掌握不够全面、懒惰、交际能力不足等。	采取有针对性的应对措施，尽可能减少自身劣势，缩短与竞争对手的差距，以此来提高自身的职业竞争力。
O（机会）	外部环境	主要有国家和政府相关政策支持、教育体制改革、社会对教育提出的新要求等。	自己通过努力抓住机会，有针对性地提高自身的竞争力能够起到事半功倍的作用，加速自身发展的步伐。
T（威胁）		主要包括竞争对手数量、教育行业体制改革、教师要求改变、非专业人员竞争岗位等。	通过此分析法，调查即将面临的威胁，并对其进行合理探究，找到合理的解决方法，化解外部威胁，并结合实际情况，将其转变为职业生涯发展过程中的机会，以此来提高自身在职场的竞争力。

知识卡片

SWOT模型分析的原理

SWOT模型分析的基本原理是先进行内部因素分析，包括内部优势和内部劣势分析，例如自己的学历、工作年限、经验和自身的能力、不足等。然后进行外部环境分析，包括外部机会分析和外部威胁分析，例如单位给予的机会、竞争对手数量等。最后把内外因素所形成的机会、威胁、优势、劣势四个方面的宏观和微观情况综合起来进行分析，达到纵横交错的效果，帮助教师更加全面、客观地认识自己，制定出更加有针对性的、有效的、适合自身实际情况的发展规划。SWOT分析法直观、易于操作、客观，具有很高的实用性和合理性，能帮助教师认识到自身的优势和劣势，并结合实际情况，将自身所面临的机会和威胁进行整合，以此来选择合理的发展方向，明确未来的职业发展道路，并激发教师的主观能动性，助其把握住外部机会，从而实现职业发展。

知识卡片

SWOT 分析矩阵图

WO组合：转型升级发展策略 弥补弱点，利用机会	SO组合：增长型发展策略 利用机会，发挥优势
WT组合：防御式发展策略 克服弱点，降低威胁	ST组合：多元化发展策略 发挥优势，降低威胁

幼儿园教师良好的个人专业发展路径应是“能够做的”（即教师自身优势、劣势）和“可能做的”（即环境的机会和威胁）的有机结合。

S和W主要是对内因的分析：教师对自己在专业发展与自身成长中的优势与劣势进行客观的分析，客观地认识自己的长处与短处，从而在个人专业发展的过程中扬长避短，把握机会，克服制约因素，做出正确的规划。

T和O则是对外因的分析：教师个人的专业发展也会受到幼教大环境、所在地区、幼儿园以及周围人事物等综合因素的影响，只有正视这些因素的影响才能更加有效地促进教师的个人专业发展。

知识卡片

SWOT分析法解析

<table>
<tr><td colspan="2" rowspan="2">内部因素
对策
外部环境</td><td>S：优势</td><td>W：劣势</td></tr>
<tr><td colspan="2">1. 认知能力
2. 职业道德
3. 人际交往
4. 职业发展动机
5. 自我分析评价
……</td></tr>
<tr><td>O：机会</td><td rowspan="2">1. 教育政策
2. 幼儿园管理
3. 幼儿园氛围
4. 教师文化
……</td><td>SO 策略
聚合优势
当幼儿教师处于优势条件和机会环境状态时，应最大限度地利用外部环境所提供的多种发展机会发挥教师自身的内部优势。</td><td>WO 策略
弥补劣势
当幼儿教师处于劣势和差的机会环境状态时，应最大限度地利用外部环境中的机会来弥补教师自身的劣势。</td></tr>
<tr><td>T：威胁</td><td>ST 策略
抓住机遇
当幼儿教师自身处于优势条件和威胁环境状态时，应以自身的实力来正面回击外部环境中的威胁，并慎重而有限度地利用自身优势。</td><td>WT 策略
规避威胁
当幼儿教师处在劣势条件和威胁环境状态时，在制定发展策略时，要尽量降低威胁，尽可能减少自身弱点（劣势）所带来的影响（威胁）。</td></tr>
</table>

知识卡片

目标管理中的SMART原则

SMART 原则		
S（Specific）	具体明确的	即目标明晰。明晰的目标便于教师对自身的发展进行有效的调控，也便于对目标的达成情况进行有效的评判。
M（Measurable）	可测量的	即目标达成的成果形式。最好有确切的量化指标。
A（Achievable）	可实现的	即目标通过自身的努力是可以实现的。制定的目标不能太高，超出自身的能力范围，也不能太低，对自身发展缺乏挑战性。
R（Realistic）	切实可行的	即目标的可操作性。
T（Time—constrained）	有时限性的	即目标的实现是有时间限制的。时限性有利于检查和监督目标完成进度，以便更好地规划和调整下一步的工作计划。

思维导图

第4章

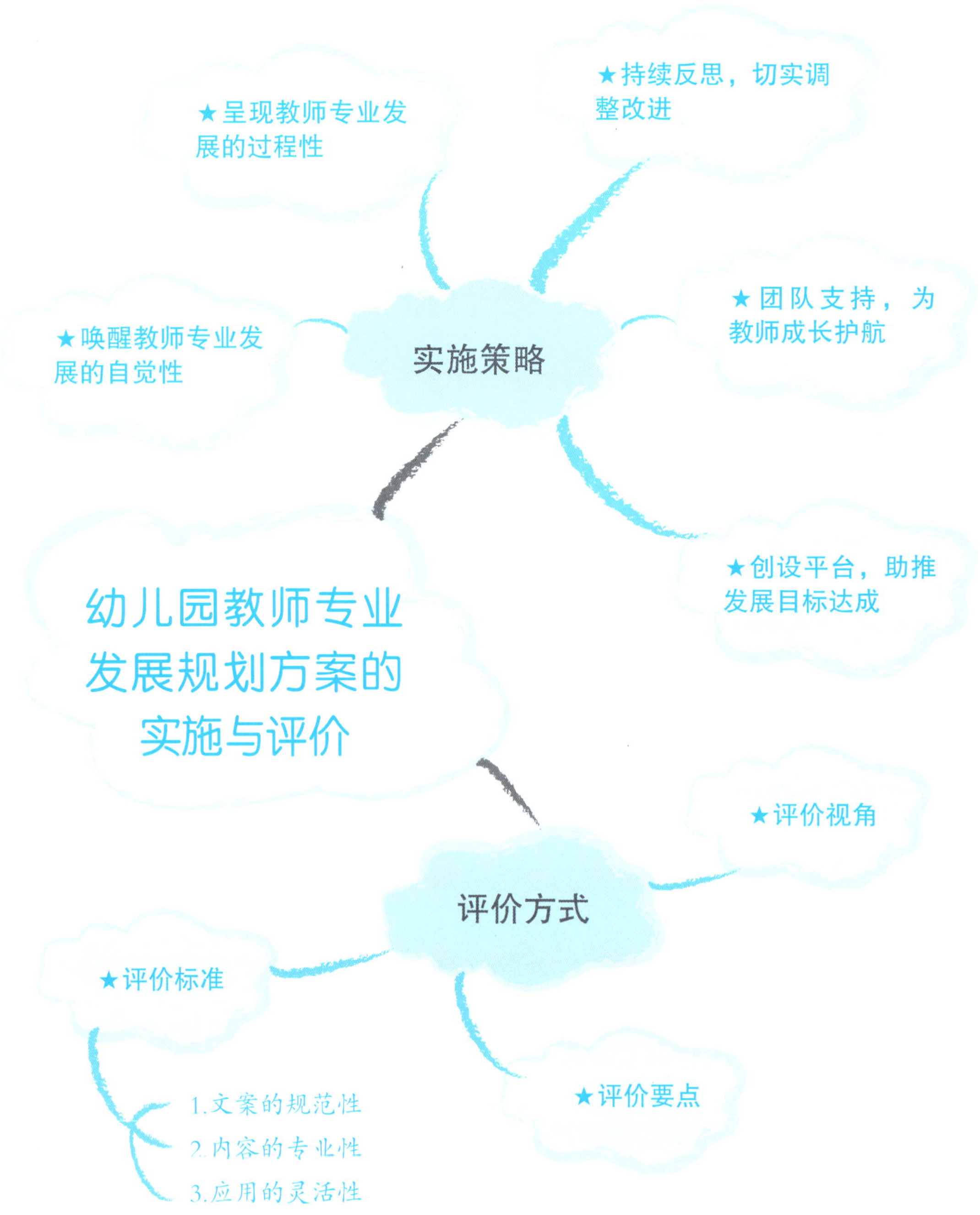
幼儿园教师专业发展规划方案的实施与评价
实施策略
★呈现教师专业发展的过程性
★持续反思，切实调整改进
★唤醒教师专业发展的自觉性
★团队支持，为教师成长护航
★创设平台，助推发展目标达成
评价方式
★评价视角
★评价标准
1.文案的规范性
2.内容的专业性
3.应用的灵活性
★评价要点

第4章 幼儿园教师专业发展规划方案的实施与评价

《专业标准》中将“制定专业发展规划”作为幼儿园教师“反思与发展”的专业能力之一。这从制度法规层面对幼儿园教师提出了要具有制定规划自己专业发展能力的要求。通过制定专业发展规划，幼儿园教师能够不断提高专业素质，在反思自身专业发展不足的过程中，找到近期发展的方向和目标。规划方案制定之后，还要通过组织实施、调整修正和反思评价，提高教师自我发现、自我导向、自我调控的能力。在各阶段规划逐步实现与递进的过程中，教师会成长为一名能够主动对自我有所设计，并有所追求、有所成就的教育者。职业生涯是专业化的过程，也是成长的过程、发展的过程，规划方案的实施与评价，能让教师的职业生涯更加丰富多彩。

一 实施策略

规划方案的组织实施策略需要教师、幼儿园以及教育行政部门多方共同努力实现。教师自身具有的实施能力是重要的因素，但不能仅仅将其看作教师个人的事情，幼儿园和教育行政部门也应担负起组织与引领的责任，科学规划，悉心指导，积极推进，全力保障，促进教师职业化发展，实现园所可持续发展，进而促进幼儿全面发展，打造推动教育事业发展的共同体。

（一）唤醒教师专业发展的自觉性

这是从教师自身层面来说的。教师个人专业成长的根本动力来自教师的主观自觉意识，源于教师的内在需求和动力，即教师是按照自己规定或设置的目标行动的，而不依赖于外力的推动。制定与实施专业发展规划应该是教师自发的、真诚的、内源性的要求，是教师高度自觉的、极度自律的、基于人生价值追求的行为，是由个人的需要、动机、理想、抱负和价值观等推动的。当幼儿园教师真正认识到践行专业发展规划最大的受益者是其本人的时候，实施发展规划的行为才会是主动的、积极的、有效的。

理想的教师个人专业发展路径是内控的，教师要增强专业意识和水平，做自身专业发展的主人，唤醒个人的自觉意识，把握发展的主动权。只有这样，教师才能在职业生活中有所创造，并且享受到职业的欢乐和尊严。在制定教师专业发展规划方案的过程中，园所要有意识地、主动地予以指导，提供支持和引领，这将更有利于促进教师进一步认识专业发展规划，更好地促进教师自主、健康地成长。

要不断地促进教师自我意识的觉醒，即唤醒教师自身对职业的认识、感受，激发其内在驱动力，让教师通过教育教学的实践不断思考和感悟，自觉追求自我专业发展，形成自我专业特色。

（二）呈现教师专业发展的过程性

在规划方案实施的过程中，教师需要做的一项重要工作就是记录自己的专业发展过程。建立自己的专业发展档案是记录专业发展过程的一种有效手段。专业发展档案是一个教师具有代表性的工作的集合，是教师提供的对自己专业发展进程的记录，是教师对自己的成就、风格、态度、价值观等方面进行的全面、高度个人化的描述，为专业发展规划提供情境脉络。

教师专业发展档案涉及目标陈述、职责描述、教学策略、教学实施成果及教学反思等广泛内容。在创建时若没有特定的限制，档案一般涵盖三部分内容。第一部分是专业发展规划，即对专业发展历程的描述，以及对已有的专业发展水平、目标和实施策略等的分析；第二部分是对专业发展过程的记录，一般包括对所从事的专业发展活动的具体描述，对专业发展有重要影响的事件或经历，专业发展过程中所积累的材料，对特定专业活动的评价、反思和总结等；第三部分是所取得的成就及其证据，包括专业研究或教学研究的作品、公开展示的课、自我评价、他人（同事、幼儿、家长、督导）的评价、专业实践改善的实例描述等。

教师通过对专业发展档案中收集的个人专业发展规划方案、落实专业发展实际过程的记录、所取得的与专业发展目标相关的成就证据等材料进行反思与评价，为评估、改进自己的工作不断提供理性的支持。此时，教师专业发展档案不再只是记录教师专业发展过程的工具，更成为一种评价教师专业发展的重要手段。教师结合专业发展档案中积累的资料，针对专业发展规划方案中的每一部分内容进行逐一的、全面的观察、自省和逻辑分析，对个人专业发展目标及策略进行反思调整，检验整体规划的一致性，及时发现问题并总结经验，能够指导其更加科学、有效地把控发展规划方案的实施脉络与质量。

（三）持续反思，切实调整改进

教师的成长与专业发展，离不开反思与调整。幼儿园教师个人专业发展过程本身就是一个持续反思的过程、一个动态的螺旋上升的过程，反思调整是促进幼儿园教师成长的决定性因素。规划，仅仅是一个发展的预设，而反思调整是规划执行时期教师及时的评价与修正，是对规划可行性的检核与验证，任何人的规划都需要通过实践的检验方能看出具体的效果。

一份有效的专业规划方案，必须是以幼儿园教师对自己专业发展状况的深入反思为基础的，专业发展应是有设想、有践行、有反馈、有总结、有调整的循环往复的螺旋发展的行动过程；是教师对个人专业发展轨迹的合理性、可行性进行再认识、再思考、再审视、再批判的过程；是教师自身自觉地把自己的教育教学实践作为认识对象进行的反观自照，对自身教育实践和活动进行多视角、多层次的觉察、思考、分析和评价，从而重新做出价值判断和选择的过程。因此，持续调整是必不可少的，调整应在行动研究过程中随时随地持续不断地进行，使研究在不断修正的过程中逐步完善，最终达到预期的目标。反思调整具有自省性、主动性、自我调控性、自我批判性等特点。反思调整的内容是多方面的，包括教学实践、教育观念、教育经验和教育行为中对课题计划、行动方案、措施步骤、方法技术等的调整改进。

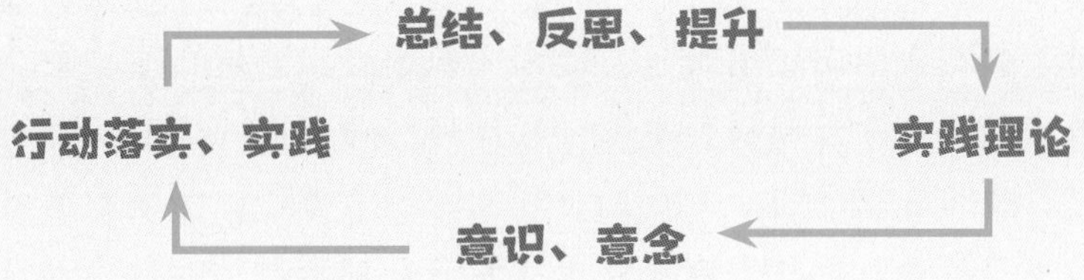

行动与反思循环图

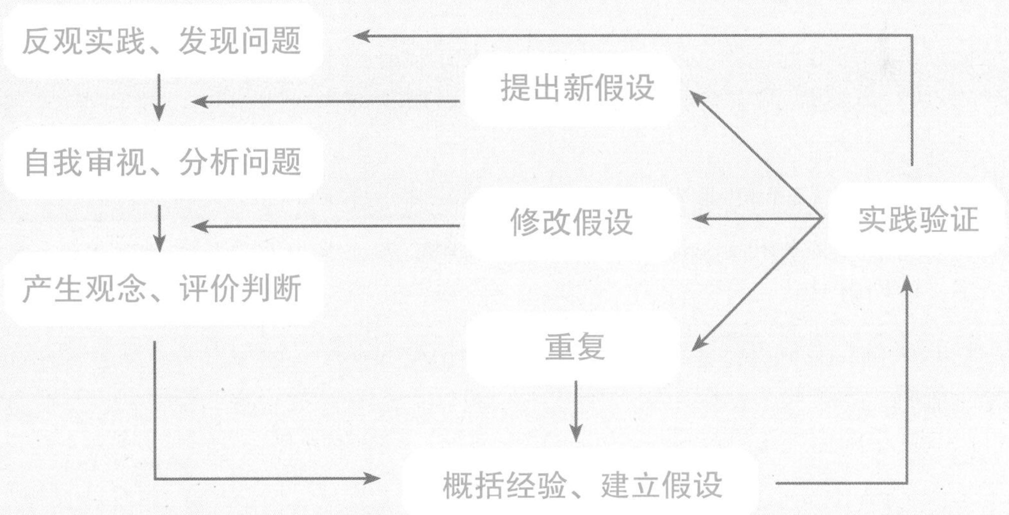

有效反思循环过程图

总之，幼儿园教师要增强对专业发展规划方案进行反思的自觉性。根据自身专业发展的需求进行科学有效的规划，根据教育发展状况进行及时的动态调整，以发展和务实的眼光正确对待自己编制的教师专业发展规划方案中存在的问题，认真分析原因，寻找解决策略，充分发挥专业发展规划方案的导向、监控与评价作用，使规划达到对教师而言“有用”“想用”“能用”的效果。

（四）团队支持，为教师成长护航

幼儿园教师的专业发展是一个持续的、长期的积累过程，任何教师的专业发展和成长，都要经历一个从量变到质变的过程，存在着发展的阶段性。教师专业发展能够持续进行，且更有内涵，教师不断地获得新思想和新理念，离不开各方面的有效支持，特别是上级部门的支持，专家的指导和帮助也能为教师的成长提供保障。因此，提供一个“支持引领”的专业群体，组建一个“同伴互助”的学习团队，创建一个“学习锻炼”的成长舞台，运用科学的方法对教师专业发展规划进行督导、带动，将团队资源最大化地给予教师，可为其个人发展提供有力支持，为幼儿园教师专业发展规划从制定到落实提供有效帮助和引领。

幼儿园是教师成长的摇篮，是教师专业发展最重要的环境。教师利用园本特色研修，能在与同伴、团队、幼儿园的通力合作中快速进步。科研活动是幼儿园教师专业发展的重要形式之一，让教师学有专攻，选择自己感兴趣的课题。互研、互导、互助也是教师专业发展的有效策略，在有针对性的专业指导中，课题专家可以更好地了解、分析教师的成长经历、教育专长以及教育风格，判断教师的教育素养。在提供指导时，要避免指导过于统一化，尽量使每一位教师都能扬长避短、聚合优势，在原有的水平上得到新发展，帮助教师形成有个人特色的发展方向，助力教师的特色专业发展。

此外，创建可促进教师发展的多元评价方式也是必不可少的。帮助教师在自我评析、指导互评中提升专业能力，并建立档案，帮助教师及时梳理和小结。这样做既可以真实地发现教师在专业发展过程中存在的问题，又可以有效地帮助教师总结提炼来自教育实践的有价值的经验，将专业发展规划落到实处，从而使发展规划更具价值。建立科学有效的奖励机制，让教师在专业发展规划过程中的热情被充分激发、充分调动，使其能积极参与。

在专业发展规划的设计中，幼儿园和教师自身要根据不同的特点明确自己的目标定位，使规划方案建立在现实的基础上，并通过个人的努力、必要的培训等外部环境条件以及政策的引导等手段，促使自己实现主动、持续的发展。

（五）创设平台，助推发展目标达成

践行教师的专业发展规划不仅是幼儿园教师自己的事，更是幼儿园管理的重要内容。幼儿园在促进园所发展、促进幼儿发展的同时，也要促进教师的专业化发展。在

教育中我们强调“以人为本”，这里的“人”不但包括幼儿，也包括教师。从某种意义上说，幼儿园教师专业发展的速度和质量取决于幼儿园管理策略是否充满人文关怀和智慧。

教师的专业发展，关键要靠其自身的主动学习和提高，但幼儿园的鞭策和推动也必不可少，幼儿园要充分发挥服务的功能，积极为教师发展搭建多元成长的平台，提供有效的技术支持。可以邀请专家、领导和同行给予指导，借助沙龙论坛、研讨教研会议等多层次、多角度、丰富多彩的培训形式，为教师的发展提供机会，为幼儿园教师的成长铺平道路。

幼儿园教师专业发展的因素是多层面、多领域的，既包括知识的积累、技能的增长、能力的提高，也涵盖态度的转变、情意的发展等。因此，幼儿园应以教师为本，为教师提供多元的展示、发展空间，充分发挥教师的专业潜能和创新能力。鼓励教师参与各种形式的评优评先活动。幼儿园应广开途径，为教师提供学习、培训的机会。通过有针对性地邀请专家进行指导，有计划地组织不同层级的教师到具有相关典型经验的地区、园所考察、学习，鼓励幼儿园教师参加各级各类培训等方式，为广大教师搭建学习平台，拓宽幼儿园教师教育视野和知识视野，转变教师的教育观念，助力幼儿园教师个人专业发展目标的实现。

随着改革与创新的推进，我国的教育更加注重内涵发展，而教师作为教育内涵发展的关键，其素质及发展水平直接决定着各阶段教育的质量与水准。

二 评价方式

反思评价规划方案是管理、调整、完善幼儿园教师发展规划的必要阶段。幼儿园教师的专业发展规划的制定过程不是静态的，而是动态的；规划中不仅要有理论思考，也要具有实践性；规划不仅是阶段性的任务，也伴随着职业生涯的全过程。教师要制定好专业发展规划方案，不仅要具有规划方案的意识和行动力，掌握撰写规划方案的方法，而且要能够及时、定期反思和调整规划，核查规划方案是否合理，编写是否规范，能否恰当自我分析，操作性是否够强，能否起到应有的作用和效果。

（一）评价视角

在对规划方案进行评价之前，首先要找准评价的视角。把握核心思想和关键词，才能让规划方案的评价具有正确的导向。评价规划方案时，要抓住“个人、专业、发展、规划”等关键词。

“个人”代表规划方案要鲜明地体现教师本人的主体性。规划方案是幼儿园教师对自己专业发展主动、自觉进行的规划，它体现了自我了解、自我诊断、自我期待

和自我实现的过程。因此，规划方案制定和撰写的角度都要与教师本人的经历、经验密切关联，使之成为教师个人真实的思想与行动指南。教师切不可脱离自身特点与特征，更不能随意抄袭和借鉴他人的发展规划。

“专业”代表的是规划方案的定位。它既不是教师人生的整体性规划，也不是某个时期工作、学习等具体内容的规划，而是幼儿园教师对自己职业生涯过程或者某个发展阶段的专业成长所进行的策划与思考，是教师对自己从师德与专业情意、专业知识和专业能力等方面进行自我分析后制定的发展目标，选择的发展策略。要评价规划方案的专业性，从某种意义上说，是考察教师对自身专业素养的分析能力，对所从事工作的专业标准的了解水平，对自身能力现状与专业标准之间差距的判断能力，以及对达成专业标准所需发展轨迹的设计能力。

“发展”代表规划方案的目的。幼儿园教师作为专业性强的一个职业，专业化程度要求既全面又有特殊性，而且教师在职业生涯过程中要经历不同的成长阶段，每个阶段都体现了不同的特征，专业标准也随着时代的发展变化而变化。因此，专业发展不是一蹴而就的，也不是某个阶段达成之后就可以停滞不前的，它需要将长期的过程划分为不同阶段、不同时期，再通过不同阶段的发展与变化，实现教师专业素养的成长和成熟。规划方案是否能够体现发展性，其实就是看教师能否找到自己发展的最近发展区。

“规划”代表的是规划方案的定位。规划方案是对未来要实现目标的制定与所要采取措施的设计。规划方案既要体现其未来发展的可能性，又要有立足现实的可行性。在每一个阶段发展规划中，它既是前一个阶段规划的总结，也是后一个阶段规划的基础。因此，评价规划方案的质量时，要把是否具有超前性和可操作性作为标准，以此检验规划者本人对“自身、专业、发展、规划”等要素的分析是否透彻、挖掘是否准确，以及目标是否合理、措施是否围绕目标。

总之，评价规划方案既要关注其对各要素的把握是否精准，又要关注各要素之间的关系能否相互铺垫、相互衔接、相互促进。可以说，幼儿园教师的职业生涯过程，是专业不断规划的过程，也是规划不断实现的过程，更是专业不断发展的过程。

（二）评价要点

规划方案尽管以文本方式呈现，但它不仅仅是文字撰写的过程，也是前期设计过程的再现，更是后续行动的指导。评价规划方案不仅要看其文本是否具有规范性，还要透过文本考察其是否有缜密的自我分析与思考过程，能否在提炼思考过程的基础上提出新的目标计划，是否体现了反思思考、计划制定到落实措施的完整体系架构，是否体现了方案逐步落实的过程并为其留下了不断调整的空间与可能。因此，评价规划方案要重点评价撰写者的思考过程、计划能力、文字能力和情感态度，即通过规划方

案看教师在专业发展规划上的态度、习惯、知识、技能和管理等多方面能力，以及对相互之间关系把握的能力。

具体来说，重点看五个方面：

是否体现主动规划的自觉性

自觉规划是教师实现专业发展的前提。一般来说，教师的职业生涯周期都比较长，教师在自己的整个职业生涯中，是采取自然发展还是主动规划，其结果是不一样的。积极主动的规划态度体现了教师的主动性，增强了成长的目标性。

是否养成定期规划的习惯

我们说规划是动态的过程。因此，制定规划不是一次性的，规划要随着学习、工作和成长的变化而变化，长期规划是建立在短期规划和小的项目规划的基础之上的。经常性的规划，让目标更具体、更容易实现，让自身更具成就感，激励教师不断通过实现一个个小目标，让自己一步步得到发展和进步。经常性的定期规划体现的是规划应成为教师职业生涯的特征，而长远目标的实现也要依靠日积月累。

是否掌握编制规划的方法

规划的编制有很强的个性化特点，但是，编制规划不是无章可循的，编制规划也有一定的要求和规范。教师要掌握规划方案一般常见的撰写思路和方法，了解版块内容与要求，掌握各版块撰写方法与各栏目内容，处理各版块之间的衔接与区别。同时，要想使规划方案更加有说服力，还需要掌握一些分析的应用方法与数据模型。教师只有掌握了这些相关的知识与技能，才能使规划的方案描绘出理想的蓝图。

是否具有落实规划的能力

规划不仅是写出来的，更是做出来的。规划编制后更重要的是落实。在规划的指引下，幼儿园教师还要具备对规划的执行、监督、调整和管理能力。教师要能够按照预定的目标去做，将落实规划体现在工作和学习之中。规划方案一方面要通过具体可操作的描述反映规划的设计与思考，另一方面，也要包含相关的预案和灵活的调整空间，若遇到情况变化，能够按照变化，及时调整和修正内容，进行自我管理，约束自己不断实现目标。

是否能够实现自我发展的目标

专业发展规划的最终目的是实现教师的自我发展。规划方案编制和执行的效果与教师的专业发展水平的提升密切相关。如果规划方案执行之后，教师的专业发展效果明显，起到了螺旋上升的作用，那么规划方案就切实促进了教师的发展；相反，如果规划方案效果不明显，也就说明其没有起到促进和指引的作用，那么规划方案在发展目标、实施措施等方面就存在着不足。评价规划方案最终是以是否起到了相应的作用为依据的。

（三）评价标准

规划方案的评价标准可以是多方面、多维度、多指标的，很难一一列举或全面陈述。一般来说，评价规划方案可以从文案的规范性、内容的专业性和应用的灵活性三个方面进行评价。

1 文案的规范性

主要评价规划方案的结构、内容、逻辑、行文等方面，看文案撰写的语言、思路、表达等方面的规范性和逻辑性。

2 内容的专业性

主要评价规划方案各部分的完整性、递进性以及各部分内容的科学性与合理性。制定专业发展规划是教师重要的专业能力。幼儿园教育是基础教育的重要组成部分，作为幼儿园教育工作者，不但要具有良好的职业道德、爱的情意、丰富的专业知识和专业能力，还要通过不断对专业发展过程的规划、反思与调整促进自身专业化程度的提高。

3 应用的灵活性

专业成长不是静止的过程，它在不断变化与发展；专业发展规划也不是一个静态的过程，而是充满着动态变化和反思调整的过程。作为一名幼儿园教师，具有较强的规划能力是促进自己专业化成长的重要实践能力，制定的规划方案也要对可能发生的变化有预见性，对产生的变化有调整和完善的灵活性。

为方便教师们实践应用，我们编制了表格式的“幼儿园教师专业发展规划方案评价标准”，供教师们在实践中参考和使用。使用时，表格中的内容维度可以在此基础上进行增加与删减，评价等级的标准也可以调整为3级。运用这个评价标准进行评价，一方面可以帮助教师个人了解自身规划方案的质量和水平，指导教师找到不足的部分进行修改和完善；另一方面也可以帮助幼儿园通过对全园教师规划方案的评价，找到教师存在的共性问题与不足，结合实践进行指导和研修，促进教师队伍整体发展。

附表：

幼儿园教师专业发展规划方案评价标准

评价维度	指标要点	要点描述	评价等级				
			1	2	3	4	5
文本	结构完整	至少包含基本情况、自我分析、目标定位、发展举措等四个基本部分。					

（续表）

评价维度	指标要点	要点描述	评价等级 1	2	3	4	5
文本	内容丰富	内容详略得当，不片面。					
		角度多元、不单一。					
	逻辑严谨	各部分思路清晰，不重复。					
		各环节论述符合要求，程序合理。					
		各部分内容完整、互相呼应、层次递进。					
	行文规范	条理清晰，段落分明，格式规范，文字流畅，语句通顺。					
		结论明确。					
		文题一致，所写内容与专业发展规划吻合，非其他内容。					
		明确提出规划者姓名和时间跨度。					
内容	自主性	与本人实际相符，立足本人实际撰写，没有抄袭行为。					
		与本人岗位相符，基于自身现有岗位职业特征和专业发展实际，可行性、操作性强。					
		与单位发展目标一致，能结合本单位发展与实际需求制定规划目标、任务和措施。					
	自我分析	通过自我分析体现对职业和自我的认知。					
		结合内部因素和外部因素进行全面、客观、科学的分析。					
		职业分析可以包括职业能力、职业兴趣、职业价值观、个性特征等方面。					
		自我认知可以包括个性、兴趣、能力、价值观等方面。					
		优势和不足（包括差距）分析要合乎逻辑，说明自己是一个什么样的人，喜欢或想做什么，适合或能做什么等。					
		外部因素分析可以从社会因素、园所因素、教师的使命、家庭因素、行业因素等角度进行，要说明影响因素对个人目标选择与实现的影响。					

（续表）

评价维度	指标要点	要点描述	评价等级				
			1	2	3	4	5
内容	自我分析	采用多种方法进行自我分析信息收集，能利用相关方法和模型，结合相关数据或佐证实例，准确把握与自身发展相关因素。					
	发展目标	视具体情况确定目标，长期规划要有总目标、阶段目标。					
		阶段性发展目标和任务要体现对总目标的分解。					
		目标制定要详细、清晰、操作性强。					
	实施措施	能根据目标制定合理的短、中、长期计划，短期计划详尽具体，中期计划清晰灵活，长期计划具有方向性。					
		根据实际和类型划分不同阶段，阶段划分科学合理；每个阶段有明确的阶段发展目标和阶段任务。具体措施可操作，可衡量，可实现。					
		措施符合个人工作和学习实际，有实效性。					
		措施详尽，可操作性强，重点突出。					
		措施与目标一一对应，针对性强。					
		体现一定的灵活性与调整空间。					
	反思调整	对发展目标和实施措施有预测或评估方案，如要达到的标准等。					
		监控或评估手段科学合理。					
		有必要的调整方案。					

附录

幼儿园教师专业发展规划方案案例

编制幼儿园教师专业发展规划方案需要幼儿园教师进行精心思考。具有明确价值取向的设计与筹划，是根据自身特点及专业发展需要制定的切实可行的规划，其目标与实现途径必须围绕着教师专业发展的核心要素来展开。编制好的发展规划方案，并不是一份一成不变的静态文本，而是幼儿园教师与之进行动态双向建构的意义产物，贯穿于教师的日常专业实践之中，由教师主动发起、不断反思、自觉实践与持续改善。附录部分呈现了五个教师专业发展规划方案的案例，包括幼儿园新教师、青年教师、骨干教师及名师四类规划案例。所选案例呈现了几位处于不同专业发展阶段的幼儿园教师编制的专业发展规划方案，其思路、框架、各个要素内容的设计可以为有需要的幼儿园教师提供参考和借鉴。

附录一　幼儿园新教师专业发展规划方案案例

本案例是处于入职初期阶段的幼儿园新岗教师制定的专业发展规划方案。

教师发展阶段理论研究者凯兹（Katz）把教师入职1~2年这个早期阶段称为求生存期，入职第三年称为强化期。案例中的教师目前正处于入职第三年的强化期。此发展阶段的教师，大多数工作热情高、投入大，常关注工作中是否产生错误，活动中预设的成分多，生成的成分少，他们正在逐步积累教学经验，但还不擅于选择有效的教育教学策略，个别人有职业生存危机。此阶段教师的任务应当是尽快掌握专业实践能力，强化专业功底；尽快掌握教育教学方法，丰富教育智慧；学会与幼儿、家长、同事、领导和睦相处，学会正确处理人际关系；不断努力，保持积极进取的精神。

该教师规划方案以文字表述与表格相结合的形式向我们展示，规划的内容更多基于如何进行日常常规保教工作，以及如何对待幼儿、面对家长等组织方法与教学策略等方面。这些是新岗教师基于解决日常问题经常需要面对的，教师能够根据自己的实际情况，通过目标的设定，进行有效的实施，从具体内容入手逐一解决目标来完成任务。教师并不急于求成，通过三年的规划，不断提升和调整，以三年为一个维度逐个制定下一阶段发展规划，循序渐进。教师在对个人现状的分析方面，分析了自身的优势、劣势，如果能够增加对于所处工作环境，即外部因素的分析，运用SWOT分析法客观分析，结合宏、微观环境的自我条件评估分析其内外动因，那么现状分析的结果将更为科学、全面、客观，这样也将会为其发展目标及实施途径的制定提供更加准确、有针对性的支持。

幼儿园新教师三年专业发展规划方案

×××幼儿园　×××

一、现状分析

我是一名学前教育本科专业的毕业生，毕业于××师范大学。2014年3月以优异的成绩考入××幼儿园。本人性格活泼开朗，具有独立思考问题的能力，遇事能够理性分析，亲和力比较强，容易与幼儿接触。我的成长环境良好，这对我良好性格的形成起到了积极的促进作用。并且从小到大自己一直接受的是一流的教育，良好的校园环境对自身的素质提升起到了积极的作用。自己班级还作为幼儿园区域活动的试点班级进行了活动区的活动研究，在这个过程中我善于发现问题，积极总结经验，在全区活动区的评优活动中获得了优秀奖。

在大多数情况下我属于理智型，但也有感情用事的时候。虽然理论基础扎实，但在专业技能技巧方面仍然有一定的欠缺。工作中缺乏耐心，偶尔会出现比较急躁的情绪，会因为幼儿的一些不恰当行为影响自己。

二、发展目标

<table>
<tr><td>总目标</td><td colspan="5">1. 不断领会《纲要》及《指南》的精神，树立“以幼儿发展为本”的专业理念，在保教工作实践中，明确责任、摆正心态，关注班级幼儿的发展，适应幼儿园教师职业需求。
2. 努力了解不同年龄段幼儿身心发展特点，学习与其相适应的幼儿保育教育知识，逐步掌握幼儿一日生活中所涉及的基本知识与方法。</td></tr>
<tr><td></td><td>具体时间</td><td>维度</td><td>阶段目标</td><td>实施途径</td><td>预期成果</td></tr>
<tr><td>阶段目标及具体措施</td><td>第一阶段（2014.3—2015.3）</td><td>专业理念与师德</td><td>1. 建立热爱幼教工作的信念，并努力践行。
2. 不做有违幼儿身心健康发展的行为与举动。
3. 正确面对保教结合的工作特征，努力做到将保育与教育工作相融合。</td><td>1. 发挥正能量，保持积极心态，真诚对待身边每个人。
2. 端正态度，积极参与到保育工作中去，认真学习保育知识，不断提升保育技能。</td><td>1. 影响和带动身边的人，争取再次获得“最美教师”称号。
2. 努力获得园内“爱心星”。</td></tr>
</table>

（续表）

	具体时间	维度	阶段目标	实施途径	预期成果
阶段目标及具体措施	第一阶段（2014.3—2015.3）	专业能力	1. 掌握不同年龄幼儿身心发展特点、规律和促进幼儿全面发展的策略与方法。 2. 了解幼儿在发展水平、速度与优势领域等方面的个体差异，掌握相应的策略与方法。	系统阅读书籍，如马拉古奇的《儿童的一百种语言》，蒙台梭利的《有吸收力的心灵》《发现孩子》等；积极跟进学习学科最新进展。	能从自己撰写过的观察记录和反思中发现问题并解决问题。
		专业知识	1. 掌握幼儿园环境创设、一日生活安排、游戏与教育活动、保育和班级管理的知识与方法。 2. 重视隐性教育对幼儿健康成长的重要价值，能够将教育融入细节中去。	1. 及时反思区域创设的合理性，认真观察玩具材料投放的有效性，并积极调整。 2. 针对活动区活动深入研究和改进，力争有自己的想法和独到的见解。	1. 在园内环境创设评比中获奖。 2. 集中教育的目标活动能够通过自检的方式在区域游戏中得到良好实现。
	第二阶段（2015.3—2016.3）	专业理念与师德	1. 尊重个体差异，主动了解和满足有益于幼儿身心发展的不同需求。 2. 重视丰富幼儿多方面的直接经验，将探索、交往等实践活动作为幼儿最重要的学习方式。	1. 发挥正能量，保持积极心态，真诚对待身边每个人。 2. 端正态度，积极参与到保育工作中去，不断提升保育技能。	1. 努力获得园内“团结星”。 2. 班级团结一致，争取再次取得“黄金搭档”称号。
		专业能力	1. 熟知幼儿园的安全应急预案，掌握意外事故和危险情况下幼儿安全防护与救助的基本方法。	1. 及时反思本周工作，找到最适合本班幼儿的方法。	1. 有值得自己思考和借鉴的自学笔记。

（续表）

	具体时间	维度	阶段目标	实施途径	预期成果
阶段目标及具体措施	第二阶段（2015.3—2016.3）	专业能力	2. 掌握观察、谈话、记录等了解幼儿的基本方法和教育心理学的基本原理和方法。	2. 坚持对幼儿进行观察，并撰写观察记录；建立良好的家园共育。	2. 能从自己撰写过的观察记录和反思中发现问题并解决问题。
		专业知识	1. 合理利用资源，为幼儿提供和制作适合的玩教具和学习材料，引发和支持幼儿的主动活动。 2. 在教育活动的设计和实施中体现趣味性、综合性和生活化，灵活运用各种组织形式和适宜的教育方式。	1. 深入了解班级幼儿特点，有针对性地为其创设适宜的环境。 2. 及时反思区域创设的合理性，认真观察玩具材料投放的有效性，并积极调整。	1. 珍惜每次的学习机会，总结对自己有意义的经验。 2. 多多反思自己为幼儿创设的环境，在问题中寻求进步。
	第三阶段（2016.3—2017.3）	专业理念与师德	1. 重视生活对幼儿健康成长的重要价值，积极创造条件，让幼儿拥有快乐的幼儿园生活。 2. 重视幼儿园、家庭和社区的合作，综合利用各种资源。	1. 想幼儿所想，做幼儿所做，坚持一切为了幼儿的理念。 2. 发挥家园合作的最大优势，充分利用各种资源。	1. 努力获得园内“贡献星”。 2. 班级团结一致，争取再次获得“最佳搭档”荣誉。
		专业能力	1. 掌握幼儿园各领域教育的学科特点与基本知识。 2. 掌握幼儿园环境创设、一日生活安排、游戏与教育活动、保育和班级管理的知识与方法。	1. 学习跟进新的教育教学理念，争取在某一领域有自己的独到建树。 2. 及时反思本周工作，找到最适合本班幼儿的方法。	能从自己撰写过的观察记录和反思中发现问题并解决问题。

（续表）

	具体时间	维度	阶段目标	实施途径	预期成果
阶段目标及具体措施	第三阶段（2016.3—2017.3）	专业知识	1. 有效运用观察、谈话、家园联系、作品分析等多种方法，客观、全面地了解和评价幼儿。 2. 制定专业发展规划，积极参加专业培训，不断提高自身专业素质。	1. 及时反思区域创设的合理性，认真观察玩具材料投放的有效性，并积极调整。 2. 根据自身情况，积极调整发展规划。	1. 能够全面、客观地评价幼儿，为家长在家中的教育提供支持和建议。 2. 调整生成下一个三年发展规划。

（素材提供：李贞）

附录二　幼儿园青年教师专业发展规划方案案例

本部分是一名幼儿园青年教师制定的专业发展规划方案。

青年教师在幼儿园教师专业发展过程中处于一个稳定向上发展的成长阶段。不同于新教师的青涩懵懂，青年教师已经在幼儿教育工作岗位中适应了一段时间，逐渐建立了自己的专业自信，基本能够独立完成并胜任幼儿园保育教育的常规工作。教师的专业成长虽然在很大程度上受教师所处环境的影响，但根本上依然取决于教师自己的心态和作为。教师要做自己发展的主人，自觉地担负起自身专业发展的责任。

从案例中可以发现，该教师对自己的要求较高，对工作保有积极的热情，冲劲、干劲十足。该教师对自身有着较为客观、细致的分析，在设定目标、制定教师发展规划上也较为全面、具体。在发展总目标的引领下，该教师制定的阶段目标条理清晰、层层递进，实施途径紧紧围绕阶段目标，且能够根据自身特点确定不同阶段的实施途径。首先，潜下心来丰富自身文化底蕴和知识素养，经常与经验丰富的教师交流沟通，汲取“养分”，时刻将工作与思考相结合，创造性地开展工作。其次，在教学中，运用新的理念及现代教育技术，大胆实践，拓展思路，不断尝试将教育理论知识与具体的教育情景、自身的实践相结合，将结果内化为教师个体的理论知识，并转化为个体稳定的、自觉的教育行为。在为下一阶段做准备的过程中，不断累积知识和技能，当积攒到一定程度后，实施与落实便将得心应手、游刃有余，该教师也可以发挥更大的潜能。

幼儿园青年教师五年专业发展规划方案

×××幼儿园　×××

个人基本情况					
性别	女	出生年月日	×××	政治面貌	中共党员
毕业院校	××××	学历	本科	专业	教育学
工作时间	×××	现任职务	班长	职称	×××
起止时间	2016−2021	年龄跨度	32~37	发展阶段	青年骨干

个人分析	优势	1. 有坚定的教育信念，敬业乐研，乐于奉献，有良好的素养和品德。 2. 有较强的责任心、耐心、进取心，尊重和关爱每名幼儿，坚持仁爱为本。 3. 能够将学前教育理论知识与实践经验相结合，实践并反思。 4. 积极参与幼儿园立项的课题研究，积极配合并能较好地完成任务。
	劣势	1. 第一次当班长，缺乏经验，工作压力比较大。 2. 做事比较保守，缺乏主动性和创新性，课堂教学方法不够灵活，思路易受局限。 3. 理论高度不够，想进行自我沉淀、自我反思、积累经验的总结，但时间精力也有限。 4. 参与科研工作有热情，但投入不够。
环境分析	机会	1. 参加了幼儿园的科研小组科学课题组，这一机遇能对自己进行鞭策与激励，帮助自己潜心研究，进一步提升专业理论素养。 2. 担任班长工作对个人的沟通、学习、协调、组织能力都提出了挑战。 3. 作为一线教师，能够积累大量的教学经验和一手的教育数据、案例，有助于理论的研究和总结。
	威胁	1. 同事间竞争压力大，而机会不一定均等。 2. 所从事的职业在社会上的认同度比较低。 3. 不能将第一手的教育案例和数据提升到应有的理论高度。
	挑战	1. 个人方面：有自己的研究方向，逐渐形成自己独特的教育风格，有自己擅长的教育领域，潜心科学研究，形成自己的教育特色，在现有起点上持续发展。 2. 科研方面：能把握学前教育的教育科研动态，独立设计、承担科研课题并组织实施，提高自身开展教育科研的兴趣和能力，促进自己科研能力的发展，并能引领其他教师进行幼儿科学领域的研究。 3. 教学方面：让自己具有终身学习能力和教育创新能力，成为能在教育教学中发挥示范和辐射作用的学科带头人，为自己成为成熟型教师奠定基础。

（续表）

<table>
<tr><td rowspan="1">发展目标</td><td>总目标</td><td colspan="3">提升师德和个人素养：
继续提升师德、理论文化素养，丰富知识结构，增强理论底蕴。关注幼儿发展，尊重关爱每一名幼儿，成为幼儿的益友，成为幼儿喜爱、家长认可的优秀教师。
1. 专业理念：
珍惜每次培训机会，利用业余时间自主学习教育理论，学习先进经验和新的教育理念，不断拓宽视野，增加知识储备。更新教育观念，具有创新精神、改革意识、理性态度，促进职业成熟度，增强学术能力和自我反思、自我发展能力，提高学术水平。积极投身教育科研的实践与探究，在科研领域有自己的建树。积极撰写论文、案例等，争取发表。
2. 专业知识：
紧跟学前课程改革与发展的动态，更新知识结构，拓宽专业知识面，提高专业素养，为专业上的持续发展打下坚实的基础。将现代教育信息技术与学科教学有机整合。注重幼儿科学领域及游戏研究。
3. 专业能力：
积极发现、研究、解决教育教学中的问题，能把教育教学实践的经验升华为理论，能发现和掌握教育教学规律，提高从事教育教学研究的能力。希望自己重点在科学领域有所建树，积极探索生动有效的教育教学方法，能自如、迅速、灵活、流畅地进行教育活动，无论是幼儿学习的过程还是自己教授的过程都是轻松愉快的，以游戏为基本形式开展教学活动。</td></tr>
<tr><td colspan="5">阶段具体实施计划</td></tr>
<tr><td></td><td colspan="2">阶段目标</td><td>实施途径</td><td>检测指标</td></tr>
<tr><td>第一年</td><td colspan="2">1. 扎实学习教育理论，促进理论学习研讨与教学实践探索的融合。
2. 立足幼儿园实际，解决游戏活动实施的难题，以研促教。</td><td>1. 关注教育教学动态，阅读教育及教学类杂志和书籍，掌握一些学科的前沿知识，不断“充电”，丰富底蕴。
2. 积极参加各类教研活动，开阔视野，经常反思、评析、总结自己的教学实践。</td><td>1. 发表小论文或教学案例、心得体会等。
2. 初步尝试研究科学游戏方面新的教学理念。</td></tr>
</table>

（续表）

第二年	1. 积极运用所学的理论、方法、技巧进行岗位实践。 2. 深入探索幼儿园科学游戏活动，梳理、总结游戏活动相关经验。	1. 系统阅读书籍和杂志，积极跟进学习学科最新进展。 2. 利用培训等契机，积极向有关专家和教授请教，并有计划地进行阅读、整理。	1. 初步确定自己在科学领域方面的研究方向。 2. 发表一篇学术论文。
第三年	1. 在实践中挖掘教育风格，调整自己的教育观念和教育手段，做一名有特色的幼儿园教师。 2. 通过专业引领、同伴互助及自身的努力，提高自己的科学专业素养、专业技能。	1. 通过各级培训、学习的机会，与专家面对面地接触和交流，养成反思的习惯，积累成长的素材。 2. 深入学习和领会教育理念，不断拓宽、更新教育方法和手段，由教学模式化向游戏个性化转变。 3. 继续跟进科学领域的研究，并大胆实施创新举措。	1. 发表一篇学术论文。 2. 承担一次区级公开课或科学游戏观摩活动。
第四年	掌握现代教育技术，寻找自己的教学风格。充分发挥骨干先锋模范作用。	1.不断学习关于学前教育的前沿知识，认真做好批注和读书笔记。 2.积极参加各种优质课评比、教育教学观摩、研究课、公开课、示范课及教案评比等，使自己的综合素质始终处于动态的发展过程中。	1. 争当教研组长。 2. 不断对自己的教学及科研成果进行总结。 3. 承担一次市级公开课或科学游戏观摩活动。
第五年	1. 力求使自己的综合素质更全面，促使自己向专业、多能的经验型教师方向发展。 2. 与身边教师一起分享交流，在区工作中起示范带头作用。	1.用持续发展的眼光看待幼儿，在教育教学中保护幼儿的想象力和好奇心，发掘幼儿的兴趣爱好，开展与之相对应的教育活动。 2.细致做好各项工作。发挥带动作用，通过听评课、听讲座、修改论文等形式与幼儿园一起迅速成长。	1. 继续总结自己的教学及科研成果，将其汇编整理。 2. 发表一篇教育论文。 3. 参与执教一节区级示范教学活动。

（素材提供：李玲）

附录三　幼儿园骨干教师专业发展规划方案案例

本案例是一名幼儿园市级骨干教师制定的专业发展规划方案。

参加工作多年的骨干教师，通常具有较强的业务能力，熟悉职业领域的方方面面，在业务熟练的基础上他们表现出了追求卓越的强烈愿望和自我成长的自觉意识。幼儿为本、师德为先、能力为重、终身学习，这些思想普遍在骨干教师的头脑中随着职业发展而逐渐形成并根深蒂固，他们对自己的职业发展阶段有着较为清晰、理性的认知和感悟。合理的教师专业发展规划能够为教师的专业发展起到激励和导向作用，也能促使教师有章可循地不断学习、反思，激发教师自我发展的动机和需求。

本案例对个人基本情况的分析相对全面、系统，在"环境与威胁方面"也提出了因为自己孩子上学导致精力不足等问题，这是当下绝大多数教师面临的一个现实问题。特别是当家庭与事业相互交织时，教师容易出现职业倦怠的问题，遇到职业发展的瓶颈。职业倦怠和瓶颈是多数教师在个人成长、事业发展过程中经常遇到的，面对此类问题不要回避，要积极地自我疏导，采用一些方法进行梳理。这个时候教师专业发展规划就显得非常重要，制定符合自身发展的合理的教师专业发展规划有助于教师专业能力、教学水平等的提升，更有助于帮助教师梳理、看清自身发展的脉络，进而逐渐调整前进的方向，平衡相互之间的关系，快速消除职业倦怠带来的消极情绪，激发教师的主动性、积极性。

幼儿园市级骨干教师五年专业发展规划方案

×××幼儿园　×××

一、基本情况

性别	女	出生年月日	1979.××.××	政治面貌	中共党员
毕业院校	××师范大学	学历	本科	专业	学前教育
工作时间	2000年	现任职务	保教主任	职称	幼儿园高级教师

二、个人SWOT分析

1.Strengths——优势

（1）热爱教师这份职业，有责任心和进取心，喜欢和关爱幼儿，关注教师发展。

（2）有丰富的班级管理、教育教学、制作玩具等经验。

（3）在园本研修的组织与管理方面，总结了点滴的工作方法。

2.Weaknesses——劣势

（1）孩子正在上小学，辅导孩子学习占用大量时间，精力有限。

（2）理论水平不高，工作缺乏理论支撑，发展遇到瓶颈期。

（3）容易有急躁的情绪，遇事不够沉着冷静，有些职业倦怠。

3.Opportunities——机会

（1）作为五星级幼儿园教学管理负责人，展示和锻炼自己的机会比较多。

（2）作为区兼职研训教师，接受上级业务指导机会较多，可以不断挑战自我。

（3）参与市、区、园各级各类课题研究，增长见识，积累经验。

4.Threats——威胁

（1）在业务管理岗位工作年限少，面对市、区优秀的业务管理队伍，倍感压力。

（2）幼儿园中，具有本科、研究生学历的教师越来越多，他们学习能力强，理论水平高，科研能力强，文笔好，成长较快，给学习能力差、成长较慢的我带来了一定的压力。

（3）有参与科研的热情，但苦于无专家下园直接引领、精力有限等原因，走了很多弯路，使得课题研究成效差，没有真正的收获。

三、发展目标

总目标	1. 深入学习《指南》和《纲要》，用先进的理论充实、武装、提高自己。 2. 通过培训、观摩、经验分享等多种活动，提高业务水平，成为教师喜爱的教学管理者。 3. 结合自己承担的互助培训网工作，主动完成任务，提炼成果，撰写论文。 4. 始终秉承着关爱每一名教师的理念，为教师提供成长的平台，成为教师的益友。			
	具体时间	阶段目标	实施途径	预计成果
阶段目标及具体措施	第一阶段（2016.3—2017.3）	1. 努力关注每一位教师，给予他们及时的帮助。 2. 扎实学习教育理论，促进理论学习研讨与教学实践探索的融合。	1. 用心观察每一位教师，关注他们遇到的实际困难。 2. 遇到问题时，冷静面对，多换位思考，积极面对每个挑战。	1. 影响带动身边的人，使大家互相关心、互相鼓励、互相支持。 2. 书写读书笔记、教育心得体会等。

（续表）

	具体时间	阶段目标	实施途径	预计成果
阶段目标及具体措施	第二阶段（2017.3—2018.3）	1. 全方位感受教师这个职业，具备积极的工作态度。 2. 在园本研修中有自己的创意，寻求自己的研修组织风格。 3. 立足幼儿园实际，解决当前教师工作的实际问题，以研促教。	1. 积极参加各类活动，开阔视野，经常反思。 2. 利用骨干教师培训等契机，积极向有关专家请教，并将相关经验运用到自己的研修活动中。 3. 通过学习、研修、锻炼，自己能立足于园本研修，解决教师困难，总结研修有效经验。	1. 积极申报市级优秀教师称号。 2. 设计、实施每月两次的教研活动，并承担互助网引领培训任务。
	第三阶段（2018.3—2019.3）	1. 逐渐形成自己的独特的研修风格，在实践中调整自己的研修手段，做一名有个性的教学管理者。 2. 通过专业引领、同伴互助及自身的努力，让自己的专业素养、专业技能得到一定提高。	1. 通过各级培训、学习机会，与专家面对面地接触和交流，养成反思的习惯，积累成长素材。 2. 指导骨干教师组织园本教研等，逐渐做到独当一面。	1. 发表学术论文。 2. 设计、实施每月两次的教研活动，并承担互助网引领培训任务。 3. 指导幼儿园骨干教师主持园本教研活动两次。
	第四阶段（2019.3—2020.3）	1. 在教育理念、专业知识、教育能力等方面具有一定的影响力。 2. 积极发挥骨干先锋模范作用，引领网片内业务园长共同进步。 3. 具有较强的教育科研能力，能够组织研究小组深入教科研活动。	1. 坚持阅读 5~10 本有价值的教育书籍，认真做好批注和读书笔记，学以致用。 2. 发挥骨干辐射作用，指导网片内业务园长教研工作。 3. 对课题进行更深入的实践、探索、研究，做好材料的收集与整理。	1. 坚持撰写读书笔记、教育心得等。 2. 指导网片内业务园长组织园本教研活动两次。 3. 参与课题结题工作，圆满完成任务。

（续表）

	具体时间	阶段目标	实施途径	预计成果
阶段目标及具体措施	第五阶段（2020.3—2021.3）	1. 作经验传播者，能带动身边教师，在市区中起示范带头作用。 2. 依据自己的研究方向及专业特长，申报个人市级教育科研课题。	1. 发挥带头作用，通过听评课、讲座、教研等形式带领幼儿园教师迅速成长。 2. 申报市级课题，通过自己承担课题工作，把自己的专题研究从实践层面提升至理论层面，并引领教师参与课题。	1. 市级个人课题申报立项。 2. 发表两篇论文。 3. 指导两位教师的示范课。

（素材提供：孙冬梅）

附录四　幼儿园名师专业发展规划方案案例

本案例是处于专业发展成熟期阶段的幼儿园名师制定的个人短期专业发展规划方案。

经验是教师专业发展不可或缺的内容和基础，在日常工作中，及时地总结、梳理、提炼经验并应用到教育实践中，进行检验后再次提升以适应不同情境的需要，完成这些工作是名师与普通教师的重要区别。名师要实现成长首先要学习和丰富相关知识。其次是个人进行实践研究——名师必须要成为研究型教师，而且名师的研究也有别于一般的研究，名师要拥有一定的研究意识，主动、敏锐地洞察身边的教育问题，积极反思，进行探索与创新，围绕确定的研究重点，在自己的工作时间中制定计划、开展研究，定期交流研究情况，并重点讨论遇到的问题和确定的新进展，为下一步的工作提出对策与建议。

名师的发展规划首先要明确发展方向，确定研究重点，其次是围绕研究重点，开展学习与实践研究，最后形成系列研究成果。“理论学习—教学研讨—课堂观摩—相互学习—共同研修—专家引领—资源共享”，这是名师专业成长的必经之路。本案例中的名师自我诊断清晰、明确，专业发展规划注重实操性，有递进梯度，有强烈的自主学习的意识和能力，并能将其落实到实际工作中，进行深度研究，可以看到她正逐步从经验型教师向研究型教师转型。

幼儿园名师一年专业发展规划方案

××× 幼儿园　××

<table>
<tr><td colspan="6">个人基本情况</td></tr>
<tr><td>性别</td><td>女</td><td>出生年月日</td><td>1980.××.××</td><td>政治面貌</td><td>中共党员</td></tr>
<tr><td>毕业院校</td><td>×× 师范大学</td><td>学历</td><td>本科</td><td>专业</td><td>教育学</td></tr>
<tr><td>现任职务</td><td>教学助理</td><td>职称</td><td>幼儿园高级教师</td><td>发展阶段</td><td>成熟经验期</td></tr>
</table>

<table>
<tr><td rowspan="2">自我诊断</td><td>教育教学行为自我评价（优势与不足，并分析原因）</td><td>优势：
1. 自己拥有 20 多年的教学经验，经历了“多元智能”、“探究式活动”和《指南》教师指导手册等不同阶段的教师用书编写和教学形式探索，为形成独特的教学思想打下了较厚重的实践基础。
2. 坚持“以德为先”，一直用较高的道德标准要求自己，以德育人，为幼儿营造尊重、宽松、和谐的生活和学习氛围，用自己的言行潜移默化地影响幼儿。
3. 喜欢学习、善于反思，能主动阅读专业书籍，了解学前教育领域的大家们倡导的教育观点，撰写学习心得，反思自己的教育行为。
不足：
1. 和年轻教师相比，自己在教学方法和教育环境的创新等方面显得逊色很多。
2.《指南》的颁布对于学前教育领域来说是一场深刻的思想革命，虽然在理论上，能认识到关注幼儿的游戏和生活的价值，但落实到实践工作中，如何为幼儿提供有挑战的游戏环境、如何有效地介入幼儿的游戏、在观察幼儿的游戏行为后怎样科学地解读幼儿的行为等，都让我感到有些力不从心。</td></tr>
<tr><td>个人教学风格与影响发展因素分析（影响因素包括家庭、园所、社会等方面）</td><td>我的教学风格属于理性与感性相结合，善于用饱满的教学热情去感染幼儿，喜欢声情并茂地讲述，引起幼儿共鸣。受个人性格因素的影响，善于思考每一个教学活动的育人价值，特别是科学活动与实际生活相联系的教育价值。
　　作为教师我对自己所从事的工作拥有强烈的责任感，会认真对待自己的每一个教育活动，不断地积累经验，主动学习知识，让自己的教育教学跟上时代的步伐，不断焕发新意，帮助幼儿获得更大的进步。教师个人的发展离不开社会大环境对教育的重视，离不开园所和各级领导部门提供的学习机会和展示平台，离不开家人的支持和理解。</td></tr>
</table>

（续表）

自我诊断	教育教学行为和思想改进策略	1. 专业学习。有针对性地学习关于幼儿游戏理论的书籍，提高指导幼儿游戏的水平。阅读刘焱教授的《儿童游戏通论》等。 2. 拓宽眼界。教育不应只局限在幼儿园，也应简单了解其他学段的教育要求，感知信息技术、社会文化等各领域的发展，激活思维，触发灵感。 3. 勤于实践。对待工作、教学要大胆创新，应更加深入思考，针对不同的问题有针对性地提出有效的解决方法。 4. 团队合作。要想成为名师，要有带动帮助周围的老师共同提高的责任心，在团队中互相取长补短，一起提高。
专业发展规划	个人定位与发展目标	1. 加强关于幼儿游戏的教育理论学习，通过提高对幼儿游戏的科学认知，来观察、指导幼儿游戏活动。 2. 继续提升集中教育活动的设计和组织能力，带动年轻教师提高教学水平。 3. 做好课题研究过程性资料的积累和提炼，完成省级课题的结题工作，力争自己主持的科研课题结题时被评为优秀课题，形成有推广价值的科研成果。 4. 结合课题研究内容、实际工作撰写论文，提升成果意识。 5. 提升科研工作的指导和管理水平，推动幼儿园的教育科研工作有序、科学开展。 6. 能用较成熟的经验和思想来支持幼儿的游戏行为，能有效地指导教师解决在教学实践中遇到的困惑。
	设计实施策略（策略拟定要与目标相匹配，有的放矢、可操作性强）	1. 自主学习，提升专业能力：每学期精读一本专业书籍，本学期主要学习刘焱教授的《儿童游戏通论》，提高解读幼儿游戏的能力。 2. 提升观察、指导幼儿游戏的水平：深入实践，提高指导能力；研究课程，深入班级，通过组织现场教学活动和游戏活动、观摩点评青年教师教学活动、参与编写教师用书、组织教研组活动等具体活动，提升教育教学实践能力。 3. 撰写论文，总结梳理成果：每月撰写一篇高质量的幼儿游戏观察记录，积累有价值的教育案例，及时总结提炼，每学期撰写两篇教育教学相关论文。 4. 规范科研工作，加强科研资料过程性资料的积累和整理：坚持每月一次科研小组例会制度、每两月一次的科研成果展示活动，在做好自己主持的课题的同时管理好幼儿园其他课题工作，完善过程性资料的统计，根据上级科研管理部门的要求认真做好课题开题、结题等常规性工作。

（续表）

专业发展规划	设计实施策略（策略拟定要与目标相匹配，有的放矢、可操作性强）	5. 珍惜各种培训机会，开阔视野：积极参加市、区、园里组织的各类培训活动，了解学前教育发展方向，学习其他园所、教师好的教育教学经验和方法。珍惜资源，积极与学员们沟通交流，相互帮助，共同提高。
	满足规划目标的培训需求	此次我荣幸地被评为大连市中小学名师培养对象，这将是推动我突破专业发展瓶颈的动力。在培训的形式上，我个人更加偏好于集中脱产培训，让自己有一整段的时间去学习、反思；在培训的内容上，我渴望能观摩不同领域学科带头人的现场教学活动。希望能观摩幼儿游戏活动的组织、指导和专家的现场点评。聆听学前教育专家讲座，也是我非常喜欢的培训形式之一，希望能增加关于学前教育必备的法律法规知识的培训学习。如果有机会，我渴望能接触到教育先进地区（如上海）的幼教名师，并能以影随、参与的形式学习名师的教育思想和教育方法。

（素材提供：王庆娜）

附录五　幼儿园名师专业发展规划方案案例

本案例是某幼儿园名师制定的为期五年的中长期专业发展规划方案。

影响一名教师发展的因素有很多，但归根结底应是内因和外因相结合。内因是教师发展的内在动力，外因是推动事物发展的外在因素。要成为名师，教师需要不断进行教育方法、教育理念、教育技能的自我建构，经常进行自我反思。教师是否有主观意愿，是否希望自己成为名师或者优秀教师，是其他策略能否实施的基础。名师要学会在平凡中创新，在创新中发展。

该教师在自我分析中考虑了工作烦琐、年龄偏大等客观因素，对自己的情况有着细致的分析，对自我的发现与定位较为准确，认为自己基于二十余年的长期教学实践探索，已经形成了鲜明的、独特的教育方式及教学风格。教学风格是一名教师富有成效的、一贯的教学观点、教学技巧和教学作风的独特结合和表现，是教学艺术个性化的稳定状态之标志。该教师在目标的设定与发展目标中明确了自己当前所处的发展水平——从固定的、常规的、自动化的工作状态进入探索和创新时期，并根据个人定位设计具有个人特色的具体规划，例如在第一年中注重自我学习，在第二、第三年中逐渐强化科研意识，在第四年中处处发挥骨干先锋模范作用，发挥专长引领幼儿园教师团队共同进步。在第五年中，发挥传帮带的作用，做一名经验传播者，带动身边教师以及团队稳步提升。

幼儿园名师五年专业发展规划方案

×××幼儿园　×××

个人基本情况					
性别	女	出生年月日	1971.××.××	政治面貌	中共党员
毕业院校	××师范大学	学历	本科	专业	教育学
工作时间	1988年	现任职务	教师	职称	一级教师
起止时间	2016—2021	年龄跨度	45~50	发展阶段	成熟稳定期
自我剖析	优势：语言领域有专长。担任一线教师 27 年，有扎实的教育教学经验和育儿经验。参与编写辽宁省、大连市幼儿园教师用书与相应的幼儿操作盒、教师用书与教具盒。撰写的论文和设计的主题教育活动、教学活动等多次在省、市、区获奖；担任大连市新岗教师、青年教师的培训教师；为外市提供有关教师用书使用的培训讲座等。积极参与幼儿园立项的课题任务，能够在幼儿园起到带头作用。 弱势：虽然有好的设计方案与实施过程，但有时静不下心来做好文稿的撰写工作，没有韧性。缺少对工作中的经验与课题研究进行总结和提炼，论文撰写与发表得少。				
环境分析	机遇：我从一名普通的幼儿园教师，成长为现在的大连市市级骨干教师、辽宁省省级骨干教师。从 2011 年开始参与编写省、市的幼儿园教师用书，这让我有了理论上的积累和撰写能力上的提高，也让自己处于检验个人专业研究能力的关键期。不仅多次参加国培、省培、市培、区培，而且承担过大连市的新岗教师和青年教师培训工作，这对提高自己的专业知识、促进自己的专业化成长而言是难得的机遇。				
	挑战：国家新的教育方针、政策的出台都鞭策我要不断地认真解读《规程》和《纲要》的精神，踏踏实实践行《指南》。经常翻阅各类幼教杂志，上网了解幼教信息，专心聆听专家的讲座，积极参加各层次的培训活动，让自己保持先进的教育理念、成熟的教育思想，争做研究型教师和终身学习的典范。				

（续表）

发展目标	做到“立德树人”。加强政治学习，提高自己的思想政治素质，关注新的教育观念，积极投身于幼儿园音乐领域的教育教学活动和幼儿园音乐游戏的研究与实施。 提升自己的教学特色和相关的专业知识，学习先进的现代技术、信息技术、多媒体技术等，注重游戏化的教育教学活动。继续发挥语言特长，做好幼儿园语言领域的各项研究工作。		
	阶段目标	实施途径	检测指标
第一年	1. 注重自我学习。 2. 注重理念更新。 3. 注重教师指导。	1. 阅读相关的幼教书籍及教育类杂志，不断提升自己的教育素质。 2. 积极参加各项培训，不断学习先进的教育教学理论，强化专业意识，适应时代的发展。 3. 积极和年轻教师讨论主题活动，确定相关内容，把好每一个教育活动内容的理论关口，设计内容丰富，贴近生活，富有趣味。	1. 收集整理与幼教相关的文章。 2. 做好每一次培训的笔记，并积极做好幼儿园的传递学习汇报。 3. 指导园级年轻教师参加省、市、区级观摩活动。
第二年	1. 积极钻研和实施研究。 2. 完善自己的教学风格与特色。 3. 强化科研意识。	1. 积极撰写和实施原创的语言游戏活动。 2. 继续研究幼儿园语言领域游戏活动的设计与实施。 3. 积极参加幼儿园的教科研活动，提高自己的教研意识和科研意识。	1. 参与编写书籍。 2. 参与音乐游戏的公开课与相关培训。 3. 积极参与幼儿园关于语言教育活动游戏化的课题研究交流。
第三年	1. 注重自我反思。 2. 积极学习音乐理念。 3. 继续强化科研意识。	1. 积极撰写音乐领域的教育教学活动反思。 2. 查找收集幼儿园音乐领域的相关资料，并努力研究，撰写相关文章。 3. 积极主动参加区级、园级的各项教研活动，注重关于音乐教育活动游戏化的课题研究。	1. 写一篇音乐活动教案的设计与实施过程反思。 2. 发表一篇与音乐领域相关的论文。 3. 积极讨论与小组交流，并主动做大会上的发言者。

（续表）

第四年	1. 坚持不懈地学习。 2. 做好骨干引领示范作用。 3. 具有较强的教育科研能力。	1. 经常阅读有价值的幼儿教育相关书籍，吸纳新的教育理念，不断充实自己。 2. 积极参加指导年轻教师的各种优质课评比、教学观摩活动等，提高自己的专业指导技能。 3. 发挥自己语言领域的研究专长，继续研究相关的语言游戏。	1. 阅读书籍时做好标注，记录下好词好句。 2. 详细记录教师实施课程中的反思。 3. 撰写、发表一篇论文。
第五年	1. 提高自我研究能力。 2. 做好传帮带。	1. 全力提升自己语言领域的相关研究技能。 2. 带动身边教师积极参与教育教学活动，积累和保育结合的育儿经验。	1. 发表一篇论文。 2. 参与近距离的指导和相关培训工作。

（素材提供：史莹）

参考文献

［1］刘朝忠．教师队伍建设与专业发展[M]．北京：高等教育出版社，2017．

［2］张燕．幼儿教师专业成长丛书：幼儿园教师专业发展[M]．北京：北京师范大学出版社，2006．

［3］胡惠闵，王建军．教师专业发展[M]．上海：华东师范大学出版社，2014．

［4］王少非．教师专业发展规划：意义 内容 策略[J]．中国教育学刊，2006（02）．

［5］袁雯．教师专业发展规划对教师专业成长的作用机制研究[D]．华东师范大学，2008．

［6］肖川．教师的幸福人生与专业成长[J]．人民教育，2009（07）．

［7］赵昌木．教师专业发展[M]．济南：山东人民出版社，2011．

图书在版编目 (CIP) 数据

幼儿园教师专业发展规划方案指导 / 徐铭泽，赵宇著. -- 大连：辽宁师范大学出版社，2021.8

（幼儿园教师实践能力指导与培训丛书）

ISBN 978-7-5652-3514-6

Ⅰ. ①幼… Ⅱ. ①徐… ②赵… Ⅲ. ①幼教人员－师资培养－研究 Ⅳ. ① G615

中国版本图书馆 CIP 数据核字 (2021) 第 149126 号

You'eryuan Jiaoshi Zhuanye Fazhan Guihua Fang'an Zhidao

幼儿园教师专业发展规划方案指导

出 版 人：王　星
责任编辑：孙晓艳
责任校对：刘臣臣
装帧设计：周佰惠

出 版 者：辽宁师范大学出版社
地　　址：大连市黄河路 850 号
网　　址：http://www.lnnup.net
http://www.press.lnnu.edu.cn
邮　　编：116029
营销电话：（0411）84206854　84215261　82159912（教材）
印 刷 者：大连图腾彩色印刷有限公司
发 行 者：辽宁师范大学出版社

幅面尺寸：185mm × 260mm
印　　张：5
字　　数：80 千字

出版时间：2021 年 8 月第 1 版
印刷时间：2021 年 8 月第 1 次印刷
书　　号：ISBN 978-7-5652-3514-6

定　　价：20.00 元